人社系统干部中华优秀传统文化精讲

工匠文化·传承

尹小林　主编

图书在版编目（CIP）数据

工匠文化·传承 / 尹小林主编. -- 北京：中国人事出版社，2023
（人社系统干部中华优秀传统文化精讲）
ISBN 978-7-5129-1893-1

Ⅰ. ①工… Ⅱ. ①尹… Ⅲ. ①职业道德-中国-干部教育-学习参考资料 Ⅳ. ①B822.9

中国国家版本馆 CIP 数据核字（2023）第 100930 号

中国人事出版社出版发行
（北京市惠新东街 1 号　邮政编码：100029）
*
北京市艺辉印刷有限公司印刷装订　新华书店经销
787 毫米 ×1092 毫米　16 开本　11.75 印张　177 千字
2023 年 6 月第 1 版　2023 年 6 月第 1 次印刷
定价：60.00 元

营销中心电话：400-606-6496
出版社网址：http://www.class.com.cn

《人社系统干部中华优秀传统文化精讲》

编委会名单

本书主编

主　编： 尹小林

主编简介

尹小林

首都师范大学国学传播研究院院长，首都师范大学电子文献研究所所长，古籍数字化专家，国学网创始人，北京国学时代文化传播股份有限公司董事长，国学围棋研究会会长，美国休斯敦围棋协会会长，长期从事数字文献学、辞书学、古籍电子化等领域研究。

汪　新

原华文出版社总编辑，先后在中共中央党史研究室、中国文史出版社、华文出版社工作，担任过多部国家重点图书和获奖图书的责任编辑；著、编著和主编过多种历史类图书。

王玉君

中国人民大学社会与人口学院副教授，主要从事人口社会学、经济社会学、社会分层与流动、社会调查和社会网络方向的教学与研究。

熊　亮

中国人事科学研究院工资福利研究室副主任，中国人才研究会薪酬福利专业委员会副秘书长，长期从事机关事业单位工资和福利制度的研究，主持或作为核心成员参与人力资源社会保障部、国家公务员局的多项重大课题。

前言

人力资源和社会保障事业是中国特色社会主义建设中的重要组成部分，是保障和改善民生工作的核心工作之一。党的二十大擘画了我国发展的宏伟蓝图，对人力资源和社会保障事业发展提出新的奋斗目标和要求。我们必须顺应时代脉动，找准事业发展新的历史方位，以习近平新时代中国特色社会主义思想引领人力资源和社会保障事业发展新征程。

伟大事业需要伟大精神，实现中华民族伟大复兴需要中华文化繁荣兴盛。党的十八大以来，习近平总书记全面肯定中华优秀传统文化的历史地位及价值，明确要求推动中华优秀传统文化的创造性转化、创新性发展，得到全党全社会的广泛关注和热烈反响。党的二十大报告中指出，坚持和发展马克思主义，必须同中华优秀传统文化相结合。只有植根本国、本民族历史文化沃土，马克思主义真理之树才能根深叶茂。

为贯彻落实习近平总书记关于弘扬中华优秀传统文化的重要讲话精神，深入贯彻党的二十大精神和中共中央办公厅、国务院办公厅印发的《关于实施中华优秀传统文化传承发展工程的意见》，提高公职人员和专业技术人才的人文素质、职业意识，培养民族精神，增强传承发展中华优秀传统文化的责任感和使命感，加强对中华优秀传统文化的挖掘与阐发，我们组织编写了一套“人社系统干部中华优秀传统文化精讲”丛书。

本套丛书主要面向公职人员和专业技术人才，为他们从事人力资源和社会保障事业做好素质准备。因此，在编写中，突出中华优秀传统文化中与就业创业、社会保障、人事人才、劳动关系等问题相关的内容，符合人力资源社会保障部教育培训的要求，以增强其影响力和感召力，对培育和践行社会主义核心价值观起到积极作用，也有助于中华优秀传统文化基因的传承。

本套丛书分为5大专题，即安民兴业、保障救济、百工百业、官吏制度、工匠文化，具体包括9本书，即《安民兴业》《保障救济》《百工百业》《官吏制度·官制》《官吏制度·选官》《官吏制度·俸禄》《工匠文化·制度》《工匠文化·技艺》《工匠文化·传承》。

本套丛书紧密围绕“中华优秀传统文化”主题，采取“纸质读本＋视频课程”的模式，视频课程采用专题模式，邀请相关领域一流专家学者录制课程，做成“人社系统中华优秀传统文化精讲视频课程”，力图帮助使用者多角度、全方位地学习中华优秀传统文化，可扫描以下二维码进行观看。

本套丛书图文并茂，兼顾不同学科的共性需求，既注重知识性，又注重可读性，配有大量的插图，旨在为使用者提供一部兼具知识性与思想性的中华优秀传统文化读本，既可用作教材，又可供读者自学。

“人社系统干部中华优秀传统文化精讲”编写组
2023 年 3 月

《工匠文化·传承》视频课程，请扫描二维码观看。

每每畅游在博物馆中，人们都会为文物的精美而赞叹！曾侯乙编钟庄重肃穆，宏大壮观；宋瓷古朴深沉，素雅简洁；明金凤冠富丽堂皇，精美绝伦……这些超凡脱俗的物品无不诉说着我国古代拥有发达的手工业，昭示着历朝历代都拥有一批能工巧匠！

每件器物都是一个有生命的故事，讲述着时代的风采，诉说着我国传承不息的工匠文化。但这些无与伦比的器物当时是何人在何种状态下生产的？他们在制作的过程中遇到了什么？而后又是如何解决的？从时间长河来看，必然是有一条看不见的线把制作者串联起来，促使他们追求卓越、精益求精，才能让他们在不同的时空创造出同样的绝美。如今，我们把这条看不见的线称为“工匠文化”。

工匠文化深深植根于华夏大地，具有中国独特的人文艺术气质。

所谓“艺境联通心境，心境决定艺境”，历来我国那些优秀的工匠不仅有自己的“艺”，更有着自己的“道”。民间也常说，看技艺更看人品，优秀工匠往往在创作的过程中会加入自己的人生思考，继而创造出伟大的作品。这种融“道”于“艺”的极致追求，是我国人文领域的重要组成部分，对后世产生的深远影响随处可见。例如，“如切如磋，如琢如磨”中的“切、磋、琢、磨”原本是指工匠精雕细刻的动作，而现在多用来形容对文章、研究更高层次的不懈追求。

我国工匠文化之所以能够道艺双传、保泰持盈数千年，绝非靠几人之力，而是依靠历代匠人苦心经营、言传身教，才能维持技艺不衰。将历史传统和现实结合，生成良好的创作氛围，继而促进社会发展，本书即按照这种思路，共用了八个章节来讲述我国历朝历代技术教育的主要特点，在第九章则总结了我国古代艺徒制的属性和教授特点。

原始社会时期，“圣师合一”体现的是人民对推动社会发展人员的尊崇。到了奴隶社会时期，“工商食官”则成了工匠技艺传承的制度背景，这也是后世技艺传播方式形成的根源。自秦汉至隋唐，官方手工业发达，技艺传承的主要方式是艺徒制。到了宋代，官方手工业、民间手工业都有了极大发展，“法式”授艺这一标准化的技艺传承方式开始流行。元明时期，工匠有了专门的户籍。元朝匠人的社会地位低下，多依附官府。明朝虽然继承元制，但是在匠人的管理上有了很大的改变，多采用“轮班制”，明后期更是出现“以银代役”制度，从民间采购官府需求品，在一定程度上解放了工匠。清承袭明制，民间手工业进一步发展，涌现出许多技艺精湛的能工巧匠。鸦片战争以后，我国传统的教育体系受到全面冲击，开始在近代化的路上蹒跚前行。本书最后一章结合我国目前职业技术培训现状，探讨国内外高效实用的职业教育方法，力争摸索出一条适合我国国情的职业教育道路，为我国现代化建设培养一批大国工匠。

工匠是人民美好生活的创造者。有时，为了实现某个目标，常常需要数代人不懈努力。工匠们艰苦奋斗、忘我工作的故事，汇聚起来，成了我国珍贵的一笔精神财富。例如，“两弹一星”精神、载人航天精神等精神财富是我们风雨同舟、攻坚克难的力量源泉，是我们实现民族伟大复兴的内在驱动，值得我们继承和发扬！

此外，在编辑过程中，因为水平有限，某些地方考虑不周，难免有疏漏之处，希望读者多批评指正。

目录

第一章 先秦时期的技术技能教育

学会使用和制造工具是人之所以为人的主要标志之一，人类因掌握了工艺技术而摆脱蒙昧，走向文明。我国传统工艺源远流长，在距今约三万年的山顶洞人遗址中，便已经发现了磨光鹿骨和穿孔兽牙，这可以算作我国最早的传统工艺。人们早期制作出精良的玉器、彩陶等，不仅具有实用价值，同时还散发着辉煌的艺术光彩。在此过程中，我国早期的职业及技术技能教育开始萌芽并且不断发展，形成了技术技能教育的最初形态。之后，伴随“士、农、工、商”四民分业的出现，技术技能教育出现两大特征，即“技术官守”与“非学校化”，为后世相应领域技术技能教育方式奠定了重要基础，如天文、历法领域的畴官制度，农业领域的天子耕藉之礼与农官劝农，手工业领域艺徒制、师徒制等皆延续至近代。

第一节 原始社会时期的教育

原始社会早期，人类处于旧石器时代，教育活动只局限于最基本的生存教育——迭代的生产生活经验的劳动教育，这种教育活动长期存在于远古时代。直到原始社会后期，由于氏族公社的形成和新石器的出现，社会组织形式和生产工具由此发生巨大改变。在这种情况下，原始生产力也得到空前进步，随之劳动产品有了剩余，原始社会也进入了分工阶段。原始社会的分工是当时教育活动进一步发展的结果。一般来讲，原始社会的教育可以分为以下几种。

◎ 河南三门峡庙底沟遗址彩陶

一、攫取劳动教育

原始社会的自然条件极端恶劣，原始人类的生产力水平极其低下，人们只能结成原始群体，依靠集体力量战胜各种自然灾害，满足最基本的生存需要，这是一种自然分工条件下的攫取经济。那时的教育活动只能是单一地传授采集、狩猎、耕作等活动的基本技能和如何躲避危险、获得温饱的基本生活经验。这样的原始教育活动仅仅是广义上的教育现象，在人类原始生产生活中自然存在。

二、农业生产劳动教育

到了氏族公社时代，出现了社会的第一次大分工，攫取经济不再占主导地位，生产经济不再与攫取经济相连接。具体来说，就是采集、狩猎、耕作与畜牧业、农业之间有了分割。

通过考古发掘证明，早在七八千年以前，我国就出现了农业生产，长江流域种植稻米，黄河流域则种植谷子。由于农业生产的出现，随之出现了教授人们进行农业劳作的职业性教育。

例如，《白虎通义》中记载："古之人民皆食禽兽肉。至于神农，人民众多，禽兽不足。于是神农因天之时，分地之利，制耒耜，教民农耕。"《吴越春秋》记载："包羲氏没，神农氏作。斫木为耜，揉木为耒，耒耜之利，以教天下，盖取诸益。"《孟子·滕文公上》记载："后稷教民稼穑，树艺五谷，五谷熟而民人育。"

这些古籍里的记载，虽然是为了向人们宣扬"圣人造世"，但也表明当时已经诞生了原始农业，并开始将耕种技术进行不断传承。客观上讲，农耕是人类智慧的体现，原始的农业生产技术，是原始人类在长期从事采集活动的基础上逐渐积累形成的。

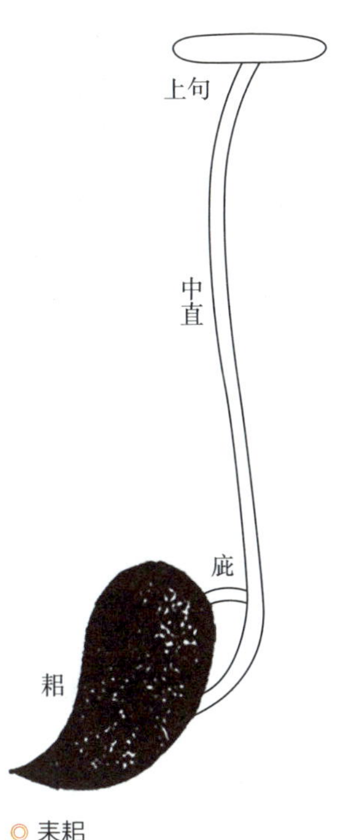

◎ 耒耜

近些年，考古专家已经证明，我国仰韶文化和河姆渡文化中的农业是极具代表性的。例如，在仰韶遗址中，耕地就分布在村落附近。在仰韶遗址的房屋和墓葬中，都发现了谷物的皮壳，经河北农学院鉴定为粟。另外，在半坡遗址的器皿中，还发现了一些蔬菜的种子，这极有可能是人们当时有意储藏，以备种植使用。由此可以看出，我国蔬菜种植也有悠久的历史。再有，浙江余姚的河姆渡地区曾经发现新石器文化遗址。在遗址中，人们惊奇地发现稻叶、稻秆、谷壳、稻谷等堆在一起，甚至厚度达到了七八十厘米。根据对谷粒外形鉴定，其属于栽培稻的籼稻稻谷，距今约七千年。学者考证，河姆渡遗址第四层出土的农具是骨制耒耜。一般认为耒耜为两种农具，其区别在于刃部的不同——耒是双齿刃，而耜是有宽度而尖首形的耕具。河姆渡遗址第四层出土的骨制耒耜足足有 76 件，不仅数量多，而且制作精良。耒耜的使用是原始农业生产工具的重要飞跃，是比刀耕火种更为进步的农耕方法。原始农业能够取得如此重大发展，与农业生产劳动教育是密不可分的。

◎ 浙江余姚河姆渡文化遗址群发掘器物

三、畜牧业生产劳动教育

社会的第二次大分工，是将畜牧业与农业进行分离。几乎在发明农业的同一时期，由于人类开始了定居生活及狩猎技能的提高，剩余劳动产品中出现了狩猎所捕获的动物。人类将猎物圈养在定居地，为驯化动物创造了条件。于是，最原始的畜牧业诞生了。到了新石器时代的晚期，一般意义上的家畜已经逐渐形成。我们所熟悉的河姆渡文化、仰韶文化、裴李岗文化都出现了畜牧业的萌芽，农业与畜牧业生产技术越来越成为先民生存与发展的重要依托。他们在求生存的过程中积淀了畜牧养殖与防病的经验，并不断总结和传承传播。

◎ 山东泰安大汶口遗址发掘器物

四、手工业生产劳动教育

从一定意义上讲，传说中的伏羲、神农、黄帝、尧、舜等伟大先贤，可以说是我国最早的技术技能教育先驱。在原始社会时期，手工技艺的传承可以总结为四个字：“圣师合一”。关于“圣师合一”，唐代政治家韩愈在《原道》中记载：“古之时，人之害多矣。有圣人者立，然后教之以相生相养之道。为之君，为之师。”伏羲氏教人打猎、仓颉造字等，就是典型的“圣师合一”。

◎“圣人”禹画像

这种“圣师合一”的方式，也成了原始社会时期最早期的工匠技艺教育方式。后来随着社会的不断发展，掌握手工业技艺的人也不再局限于圣人。简单来说，就是开始扩大化，出现了术业有专攻的工匠群体，他们以氏族或家族姓氏存在。这就是社会的第三次大分工，技能的传承开始有了选择性、职业性。其中，最为典型的便是育蚕治丝、缝衣技术的传授。《史记》提到黄帝娶西陵氏之女嫘祖为妻，她是第一个养蚕的人，史称“嫘祖始蚕”。后有碑文记载道：“嫘祖首创种桑养蚕之法，抽丝编绢之术，谏诤黄帝，旨定农桑，法制衣裳，兴嫁娶，尚礼仪，架宫室，奠国基，统一中原，弼政之功，殁世不忘，是以尊为先蚕。”嫘祖教民育蚕治丝，后世因此不朽功绩称其为“先蚕”。这些记载都说明了黄帝时代已经发明和传承了饲养家蚕、缫丝织布的技术。

五、天文观测知识教育

社会的第四次大分工，是知识分子阶层的诞生，逐渐出现了天文观测人员、制定和掌管历法人员、巫医等，并专司其职。农业与畜牧业生产的需要产生了最早的天文观测技术。当时的人们开始注意到太阳升落、月亮圆缺的变化，从而产生了时间和方向的概念。唐代司马贞曾有文章写道：“羲和占日，常仪占月，臾区占星气，伶伦造律吕，大桡作甲子，隶首作算术。”可见当时的历法、天文、祭祀、占卜等方面的知识技术出现了萌芽并发展。

六、原始交换与商业萌芽

社会第五次大分工特征是商人的出现。社会分工的出现必然带来交换的产生，商人阶层的萌芽便出现在这一时期。通过考古发掘，在我国青海地区墓葬内，工作人员发现了海贝、石贝、骨贝、蚌贝等物品。这些东西带有一定的装饰性，不被人们认为是非常纯粹的货币，但从其普遍性和存在以石骨仿制贝的现象来看，贝可以被认为是原始货币。很重要的一点是，海贝不是西北地区的产物，很可能是由交换得来的。商业教育也必然伴随着商业萌芽的产生而产生。从另一角度说，只有不断地进行探索和教育，才能促进沿海与内陆的物品交换。

劳动创造了人本身，同时也创造了教育活动。原始社会生产力的发展带来生产领域的细化和劳动力的分工。建立在原始生产领域细化和劳动分工基础上的原始劳动教育具有了技术技能教育的性质和特征。同时，随着人类社会的发展和生产技术的不断进步，人们认识自然、改造自然的主观思想也在不断丰富。原始社会的教育传说和思想认识通过口耳相传的形式，一代代流传下来，被后人记述整理成文字。

从后世典籍对原始教育的记载中，我们可以发现当时的先哲圣贤已经具有一定的教育观念，还可以看到注重德教思想、设官教民思想、考试选拔人才思想等教育理论的萌芽。

◎ 玉鹰（江淮地区原始文化）

我国的技术技能教育在学习借鉴近代以来西方先进的科学技术和科学精神的同时，还积极传承和发扬中华优秀传统教育思想，如从“圣师合一”制度萌芽到中华教育伦理特征，从“崇德尚贤”思想到后世职业人才培养的“经世致用”“德艺兼修”等价值追求，有利于加强中西职业教育思想的融会贯通与促进现代职业教育的健康发展。

第二节 夏、商、西周时期的技术技能教育

夏、商、西周时期，我国处于奴隶社会，国家的主要资源基本由奴隶主掌握。在教育领域，表现为奴隶主阶级垄断教育权和受教育权，产生了官办学校，设置国学、乡学，社会主流教育内容与生产劳动相分离。与此同时，奴隶社会的经济相比原始社会时期有了快速发展，青铜冶炼铸造、天文、历法、医学等科学技术飞速发展。融合在生产实践中的生产知识和科学技术传承活动，通过“畴人世学”职官教育、培养“百工”等形式，形成主流教育体系之外的隐性技术技能教育。

◎ 夏晚期·粗体爵

奴隶制夏王朝的建立标志着我国漫长原始社会的结束和数千年封建社会的开始。从夏、商至西周的奴隶社会大约经历了一千多年。这一历史时期，出现了著名的青铜冶炼、制陶等技术，社会分工进一步扩大。这一时期，不仅器具制造有专门的匠人负责，而且还有专门的作坊和专门的职官对匠人进行强制性的技术训练。于是，早期手工业技能教育开始慢慢形成。在这一时期，工匠的培养和技艺传承主要有以下三种形式。

◎ 商 · 后母戊鼎

一、家庭教育传承形式——“子承父业”

父子相传、世代相承是百工技艺传承的主要途径。因为血缘关系可以使技艺传递者倾囊相授，保证了从业者的稳定性。《荀子》中记载：“工匠之子，莫不继事。”这种父子传授手工技艺的方式能够使受业者潜心于家族技艺，不会轻易改变职业，更容易使家族技艺持续发展。

二、官营手工业“工师”授徒制度

夏商周时期，王室、贵族掌握着社会上重要的手工业，他们任命“工师”进行生产管理。在官府手工业作坊中，“工师”既是各种生产的管理者，又是训练手工业者的教育者。他们的职责不仅是管理百工，而且还要掌握关键的生产技术、培养专业的技术人才，保证手工业生产的顺利进行。除此之外，“工师”还要制定“法度”作为管理规范和教育内容。比如，《墨子·法仪》就有记载：“故百工从事，皆有法所度。”《礼记·月令》中记载：“物勒工名，以考其诚，功有不当，必行其罪，以穷其情。”这些文献都体现了当时对手工业者的法度管理。

三、商人商官出现——商业教育萌芽

《孟子》记载：“古之为市也，以其所有，易其所无者。”《尚书·酒诰》记载：“肇牵牛远服贾，以孝养厥父母。”反映晚商时有人赶着牛车外出做生意，说明可能有专业商人的出现。周朝时期，商民是被征服者，从事商业是贱事；周人以征服者自居，从事农业是比较高贵的职业，因此鄙视从事商业的人，把他们称为“商人”。西周时期，官府设立了市场管理机构和管理人员，包括司市、青司、司武虎、司稽、肆长、贾师等。

除官商群体以外，西周时期民间开始出现自由商人，商业成为百姓谋生的一种职业。根据考证，以物易物的商业交换方式延续至东周。1953 年，河南安阳大司空村发现了铜贝，证明周初有铜贝在使用。西周金文有“锡贝”“锡金”的记载，可以推测出当时铜与贝已经成为社会流通的货币。货币的发明，说明当时我国已经逐步跨越了物物交换的原始阶段，进入了一个新的商业时期。对于此时的商业行为，《礼记·月令》中有明确记载：“是月也，易关市，来商旅，纳货贿，以便民事。四方来集，远乡皆至，则财不匮，上无乏用，百事乃遂。”从这段话中可以看出当时商业的繁荣，也可以推断出商业技巧在这些经商家庭中得到不断传承。

以上三种形式，证明夏、商、西周时期技术技能教育现象的客观存在与人们对职业和职业人才培养的主观认识和价值判断有密切关系。尽管现存的史料中关于这一时期史实性文字记述资料很有限，但是仍然可以从这些有限的史料中，提炼和概括出若干有关当时技术技能教育的重农思想、教化主张和人才观念等，这些思想为后世技术技能教育思想的产生和发展奠定了基础。

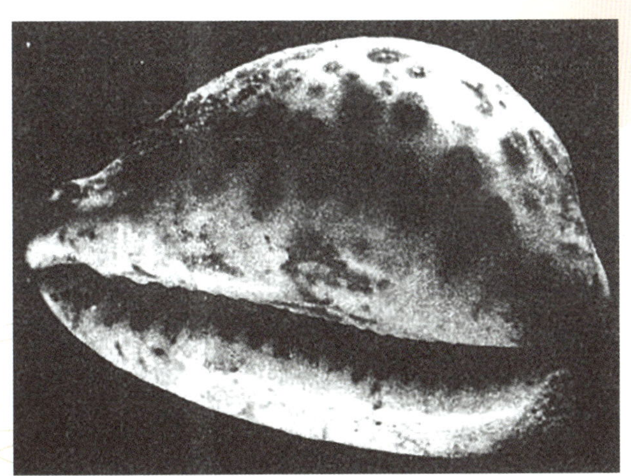

◎ 虎斑宝贝（陕西扶风出土）

第三节 春秋战国时期的技术技能教育

春秋战国时期，周王室的政治权力渐渐削弱，诸侯各自为政。在这混乱的局面下，社会变革的浪潮一波接着一波，因此人们也形成了与往昔不同的社会职业观。这一时期的技术技能教育，主要有以下几个特点。

一、选官制度与士阶层的兴起

春秋战国时期，由于社会发展的需要，选官制度逐步被使用。一批有知识、有文化的群体——“士”，开始出现在统治阶层里。

“士”，主要担任文化职官，掌握礼、乐、射、御、书、数等知识技能。因处于贵族和平民阶层之间，“士”拥有一定的政治事务管理经验，且对当时社会上的事情了解比较多，向上能够明确国家政治方针，向下能够与民众进行沟通交流，具有很大的社会影响力。在诸侯争霸、卿大夫争权的混乱时局中，“士”逐渐成为诸侯卿大夫首先要依赖的社会政治力量。

士阶层的培养教育带有浓厚的技术技能教育特征。齐国稷下学宫作为士阶层的官学形式代表，历时长达 150 年之久，其创立于齐桓公时期，至秦并六国结束。稷下学宫广招天下贤士授徒讲学，允许个人自由阐述政治观点和学术思想，鼎盛时，其学生达数千人之多。

附稷下學士名表

姓名	國籍	年世					攷辨
一、淳于髡	齊	威	宣				一一八
二、孟軻(?)	鄒	威	宣				七六
三、彭蒙	齊(?)	威(?)	宣				一三九
四、宋鈃	宋		宣	湣			一二三
五、尹文	齊		宣	湣			一二四
六、慎到	趙		宣	湣			一三七
七、接子	齊		宣	湣			一三八
八、季真(?)	齊(?)		宣				一三八
九、田駢	齊		宣	湣			一三九
十、環淵	楚(?)		宣	湣	襄(?)		七二、一四六
十一、王斗	齊		宣	湣(?)			七五、一三九
十二、兒說(?)	宋		宣	湣			一三〇
十三、荀況	趙		宣	湣	襄		一六三、一四三
十四、鄒衍	齊				襄	王建	一四四、一五二
十五、鄒奭	齊				襄(?)	王建	一四四
十六、田巴	齊					王建	一五五
十七、魯仲連	齊					王建	一五五

◎ 稷下学士名表

民间士阶层技术技能教育发展的标志是私学兴起。春秋战国时期，“天子失官，学在四夷”，民间学术不断兴起与发展，诸侯养士之风又加剧了这种情形。最终，社会层面形成了百家争鸣的格局。各种学术流派在开展学术争鸣的同时，也培养了大批社会发展所需的各类人才。

二、“技术下移”与“畴官”教育

春秋战国时期，西周“技术官守”社会背景下的“畴官制度”已不复存在，周王室的一些畴官流落到各诸侯那里，成为“诸侯畴官”。还有一些畴官在民间开办学堂，亲自教授徒弟，技术技能教育领域出现“技术下移”的社会现象。民间私学与学徒制度开始慢慢产生。

“畴官”及其子弟分散流落到各诸侯国，推动了各诸侯国数学的运用。在实践中，他们将数学进一步发展。自此以后，数学常识为越来越广泛的人所掌握。春秋时期，乘法表即古代乘法口诀，从“九九八十一”开始，到“一一如一”为止，亦称“九九”，在当时已经成为十分普通的常识。由此也可推测，“畴官”在推广数学知识时首先教育“畴官”子弟。

这一时期，天文方面的“畴官”在“观乎天文以察时变”等方面同样取得了重要发现。如“上天同云，雨雪雰雰”，意思是彤云密布，就要下大雪；还掌握了“朝隮于西，崇朝其雨”，意思是早晨太阳从东方升起时，如西方出现了彩虹，不久就要下雨。

另外，由于学术下移，春秋战国时期医术得到进一步传播，医术不再局限于宫廷内，民间也出现了自由行医的医生。这一时期出现了许多专门的医学著作，如《禁方书》《五十二病方》《足臂十一脉灸经》等。这些医学著作的问世对于传播医学知识发挥了重要作用。

三、农本商末政策和农业技能教育

春秋战国时期，农业生产的主要工具由青铜器转变为铁器。铁制农具的使用促进了牛耕和水利事业的发展，农业领域的技能教育因此得到进一步发展。

（一）重农政治家与农业教育

重农抑商的思想在春秋战国时期形成，并且社会上下都推崇这种政策。魏国丞相李悝在主持变法时推行了重农抑商的“平籴法”，强调农耕的重要性，推广间作套种技术、重视庭院种植等，先进的农业技术提高了农业生产效益。商鞅在主持秦国变法时，大力推行“农战”政策和措施，以官爵劝农，通过加大赏罚力度来强化对农业的重视，达到富国强兵的目的。

（二）农官与农业教育

春秋战国与西周的农官制度一脉相承，大体上类似。《管子·立政》记述了相关农官的职责：“修火宪，敬山泽，林薮积草，夫财之所出，以时禁发焉，使民足于宫室之用，薪蒸之所积，虞师之事也。决水潦，通沟渎，修障防，安水藏……司空之事也。相高下，视肥硗，观地宜……申田（司田）之事也。行乡里，视宫室，观树艺……乡师之事也。”这段话中出现的虞师、司空、申田、乡师等人物，就是掌管相关农业生产的官员。例如，乡师的主要职责是从整体上把握农业生产，负有主责，虞师、司空、申田辅助乡师的工作。与进行手工业管理的“工师”一样，这些掌管农业生产的官员不仅要懂得相关的农业知识，而且要指导农民耕种，以期获得丰收。

此外，农官还负责农器的推广与应用。在当时农业生产工具推广方面，通常有两种方式，一种是由这些农官收集民间先进的农器，进行比较、改良，然后选出最实用的农具在全国推广普及；另一种是某些具有钻研精神的农官结合实践经验，亲自研发农具，先在某一地区试用，取得良好效果后，再向全国推广。

（三）“农艺”家传

春秋战国时期，农业技术是以家庭为单位，在家庭内部进行传承的。各诸侯国尤其以齐国为典型，确立了个体经济，个体家庭成为生产的基本单位。齐国中央政府甚至要求“农之子恒为农”并“子就父学、弟从兄学”，形成了封建小农经济下的农业技术传承基本模式。

四、手工业技能教育

春秋时期是大变革、大发展的时代，作为社会化分工的重要组成部分，手工业不可避免留下深深的时代烙印。“工师”授徒与“父兄之教”成为时代选择的手工业技能教育主要方式。

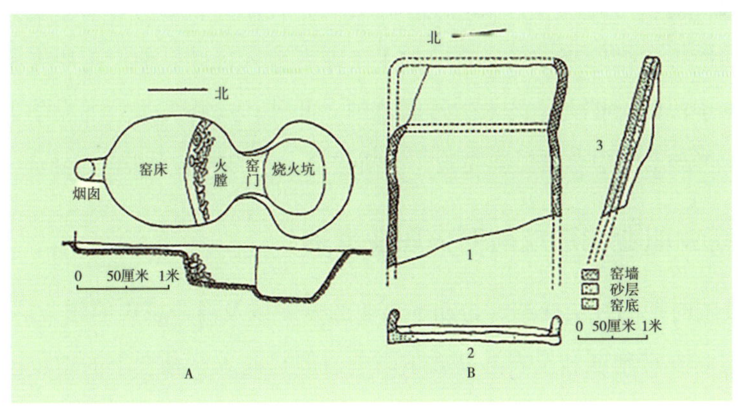

◎ 战国时期陶窑

（一）官营手工业“工师”授徒制度

春秋时期出现人工制造铁器，社会发展进入铁器时代。铸铁出现依托于冶铁鼓风炉的发明。由于炼铁炉增大，又改进了鼓风方法，提高了炼炉的温度，冶炼铸铁技术诞生。这一时期，冶炼铸铁技术的传播方式主要以“工师”教授徒弟为主。在生产过程中，“工师”一边要组织工匠完成生产，一边还要监督工匠对技能的掌握情况，一旦发现有误，立刻惩罚。这种管理方式对“工师”提出了很高要求，“工师”自身不仅要懂生产，掌握关键技术，还要会管理，能够准时准点完成王室、诸侯安排的工作。

◎ 春秋·夔纹柄青铜剑

（二）私营手工业技艺家传

私营手工业者主要来源于官府支持的商人、衰亡诸侯国的百工等。这些私营手工业者除了继续以往的“家传世学、子承父业”以外，还有能工巧匠打破家庭的范围设学收徒，培养弟子，传授技艺。师傅教徒弟，成了一种重要的培训教育方式，普遍存在于祝、史、射、御、医、卜和百工等领域。与家传世学不同，民间能工巧匠在收徒的时候，经常会“留一手”，并不完全把技艺传授给徒弟，在一定程度上抑制了技术的传播。与此同时，民间还存在另一种传承方式——著书立说。春秋战国动荡的局面使得一批原来隶属于官府的手工业者流入民间，他们把原先服务于官府的技术应用于民间，扩大了技术的传播范围。此外，这些人多数拥有学识，能够从民间的实际生产工作中总结提炼经验，不断提高生产的技术水平。

五、商业职业的形成与商人职业素养

春秋战国时期的社会变革，带动了商业的发展以及商业思想的繁荣。这一时期，虽然受到工商食官制度和重农抑商政策影响，但是商人在社会上的地位已经不同于往日，商业已经成为“四民”之一的专门职业。《左传》记载，春秋时期“商农工贾，不败其业”。管仲的“四民分业”理论进一步明确了商业作为与士、农、工并列的社会职业之一。

◎ 战国 · 虎鹿牛铜贮贝器

由于井田制度的瓦解，这一时期商业贸易渐趋活跃，列国中出现了官商、私商并存的局面，产生了一些富商巨贾。这些富商大贾“无寻尺之禄”，却能富可敌国，在于他们掌握了成功的经营之道。由此可以看出，春秋战国时期，商业不再局限于贱买贵卖、走街串巷的小商贩经营模式，对商人职业技能要求出现了专业化的趋势，包括“观凶饥”“审国变”“察四时”等与政治、军事、自然地理等因素密切联系的敏锐市场意识，以及“周四方”“料多少”“求贵贱”等掌握宏观市场、供求关系和价格规律等商业技巧。尽管没有规范的商业教育，但是从史料记载的计然传授范蠡“经商七策”而富至巨万、猗顿向陶朱公范蠡问致富之术获子息万计等事例可以推测，春秋战国时期商业家传以及商业运作中的师徒传艺模式已经逐渐形成。

总结这一时期技术技能教育的形式，主要分为两大系统：官方技艺培训和民间技艺养成。这两大系统是相互交融的，如“父子相传”既是统治者确保工匠技艺娴熟、稳定的重要方式，也是民间家族技艺保持世代传承的主要方式。官方组织的技艺培训作为官府技艺传承方式的重要内容，以法律明文规定食官匠人家族实行“父兄之教”，世守其业以达到技艺的连续传承，共同保障官府对高手能匠的需求。师徒相授作为民间技艺传承的另一条主线，可以说是父子相传形式的社会化，二者共同构成民间技艺传承主要方式。私学教授本是民间技艺传承方式的重要补充形式，然而由于受到各种高压政策和传统文化观念的影响，一直未能开花结果。

这一时期的技艺传承方式无论是官府还是民间，都是以父子相传作为最主要的模式，并与其他几种传承模式相互交融、补充，共同构成了先秦时期工匠技艺传承的大体面貌。需要指出的是，尽管这一时期手工业经济还不是十分发达，但工匠技艺传承的几种主要模式已基本定型，后世历代手工业技艺的传承与发展基本囿于此几种模式，只是在规模和规范形式等方面有所完善和增益。

第二章 秦汉时期的技术技能教育

秦朝在“以法为教”制度下形成了“吏”这一特殊阶层，并且在培养吏的过程中产生了“为吏之道”。汉朝时期，在“罢黜百家，独尊儒术”的文教政策之下，技术职官教育和农、工、商、医等隐性技能教育得到进一步发展，并且酝酿出丰富的技能教育思想。

◎ 秦·兽首凤形勺

秦汉时期，大一统的封建王朝使国家管理体制不断完善。汉代的官学教育中涵盖了天文、历法方面知识，为魏晋时期官学体系中分化出天文历法职官教育机构奠定了基础。医官成为汉代宫廷中的专门职位，基础医学知识和专业医术在民间得到广泛传播。以劝课农桑为基本形式的农业技术教育进一步发展。官办手工业“工师授徒”和私营手工业“技艺家传”形式得到延续和发展，商业经营以行商和坐贾等不同形式在重农抑商政策下缓慢发展。

秦汉开启了我国两千余年的封建社会制度，其技术技能教育同样对后世起到奠基作用。这一时期，尽管“学术官守”总体特征并未打破，但技术职官范围已经超越了前代畴官范畴。自此以后，职官、农民、百工、商人成为整个封建社会中技术教育的核心载体。

第一节 秦汉时期技术技能教育的萌芽与发展

秦汉时期，我国在经济、文化、政治等诸多领域呈现出多样化的统一。秦汉封建社会制度极大地促进了当时生产的发展与民族的强大。技术技能教育亦为以后诸代起到奠基作用。秦汉时期，以“吏”治天下替代了春秋战国时期以“士”争天下。“吏”阶层开始成为我国封建社会特殊与重要职业群体。尽管“吏”有逐步官僚化的趋向，但是汉代“宦学”之中仍然存有技术技能教育因素。

一、“以吏为师”的官职教育

秦朝时期，官府中存在大批舞文弄墨的刀笔小吏，他们一般出身于“学室”。湖北云梦出土的秦简《秦律十八种·内史杂》中有所记载：“非史子殹（也），毋敢学学室，犯令者有罪。”这是以法律的形式规定：在学室里接受教导，只有史官的后代才有此资格。史官是世袭的，因而作为专门培养下一代史官的机构——学室，它所招收的人群是定向人群。

汉朝初期，学吏制度依然存在，但是官方技术技能教育已经与之前大有不同。汉代官僚体制中，文吏和儒生掺杂并存，其参政的程度已经极其深入。文吏之学，就是汉代的宦学事师制度，其要求学僮不仅要学习史书儒经、律令和为吏之道，还要掌握农业生产、水利工程、算学、天文等技能和知识。单从要学习掌握的内容看，宦学其实涉及了政府官员的选拔任用，但在宦学中求学的学僮与正式任职的官吏仍旧有不小区别。宦学的学僮在学业结束之后，必须经过一定形式的严格考核，合格后才能被任命为正式官吏，获得命官的职称。到了东汉时期，宦学向前进一步发展，有些专业分化出来，成为后世官学中的专门教育，有些则成为政府需要专门进行教育的门类。魏晋之后的职官专门学校，就是在汉代宦学制度基础上发展起来的。

◎ 西汉·点纹卮

二、最早的专门学校——鸿都门学

光和元年（公元 178 年），汉灵帝在洛阳鸿都门建立了一所以培养辞、赋、书、画等专业人才为宗旨的专门学校，被世人成为“鸿都门学”。鸿都门学面向社会广泛招生，考生需要通过考试才能入学。那些拥有一技之长的平民百姓也可以各凭本事被录取。鸿都门学的课程安排以文学和多种艺术教育为主，丰富了我国古代学校的教育制度，使其发展形式趋于多样化，进一步向前发展。可以说，鸿都门学是我国艺术技能教育的开始。

鸿都门学虽然办学时间不长，但它的出现对我国乃至世界文化教育的发展却产生了深远影响。

一是鸿都门学开辟了文学艺术教育的新道路，具有引领作用。东汉时期，创办这样一所具有文学艺术性质的鸿都门学，在当时的儒士官僚看来，简直离经叛道。

程度不高、学问肤浅、以末技媚上，这些都成为儒士官僚讥讽的重点。但鸿都门学打破了旧学校的传统，为后世尤其是为唐代各种专门学校的建立和发展奠定了基础，开辟了道路。

二是鸿都门学突破了“独尊儒术”政策的藩篱，为艺术教育的发展做出了贡献。鸿都门学提倡进行文学艺术的创作与研究，用文学艺术与儒家经学相抗衡，打破了汉代以儒经为唯一教学内容的传统教育。这种做法不仅丰富了当时学校的教学内容，而且对后世文学风气、艺术审美都有引导作用。三国时期的“建安风骨”，隋唐时期的文学、书法，两宋时期的绘画都受此影响。鸿都门学的建立也是重视个人才华的表现，对传统的教育思想有着强烈冲击。

三是鸿都门学提拔下层人士，具有一定的进步意义。鸿都门学对其招生对象只有才艺要求而无身份地位的要求，出身微贱之人也有机会被选拔任用。自此以后，我国古代出仕做官除了主要考察儒家经典的学习外，还有了其他的考察录取方式，如通过诗文作品等。

三、天文历法技能教育

夏商周时代的天文历法保持有一种神秘色彩，通常与占卜、星象、灾祸联系在一起，由一些专攻此事的家庭、官员垄断，他们代代相传，外人很难窥伺。秦汉时期，官员的世袭制度被废除，天文历法褪去神秘色彩，慢慢走进大众的视野。

◎“北斗七星”（东汉武梁祠石刻）

在封建时期，我国一直是农耕社会，天文历法直接影响农业生产，关系国计民生，所以受官方和民间的高度重视。因此，天文历法在秦汉时期取了巨大发展。例如，西汉的太史令主管天象观测记录，《史记》《汉书》中都保存了许多天文历法材料。长沙马王堆三号墓出土的帛书中，记载了秦到汉初七十年间五大行星和彗星运行情况，这份现存最早的星表反映出汉初天文学已具有相当高的水平。

汉代天文学家张衡在他的天文学著作《灵宪》中曾阐明“浑天说”，他认为天地结构像是一个鸡蛋，地如蛋黄，占据中央，天如蛋白，包裹于外，此种学说在当时最接近实际观测情况。此外，他还指出：“月光生于日之所照，魄生于日之所蔽，当日则光盈，就日则光尽也。”他认为月光是日光的反射，月中亏损无光部分是由于日光受到遮蔽，远对太阳时就成满光的望月，靠近太阳时就是无光的新月，这同日月地球的运行状况是符合的。需要说明的是，天文历法的研究和发展，往往和数学（我国一直称为算术）有着十分密切的联系。随着社会经济的发展，在计算方面也有许多实际问题需要解答，这便促进了汉代数学的发展。关于数学的著作《九章算术》，就反映了这一特点。它共有方田、粟米、商功、均输等九章，内容有土方工程、土地测量、赋税摊派等项目，都是社会实际生活提出的数学问题。这些天文历法和数学知识相互交织、相互促进，共同创造了辉煌的时代。尤其需要指出的是，汉朝时期明确了一项影响两千多年的历法——二十四节气，这是我国古代天文地理知识的大成。时至今日，二十四节气依旧在指导我国的农业生产，并因其节奏明确、注释优美，被赋予了文学、美学等方面的形象和意义，受到各阶层人士的喜爱。2016年底，我国申报的“二十四节气——中国人通过观察太阳周年运动而形成的时间知识体系及其实践”正式通过评审，列入联合国教科文组织人类非物质文化遗产代表作名录，成为我们这个星球文明发展的重要标志之一。在国际气象界，二十四节气因其巨大作用和深刻意义，被誉为“中国的第五大发明”。

第二节 秦汉时期的医学技术教育

秦汉时期，在威严皇权的维护和建设中，统治者相当注重前代贵胄在医疗方面的教训，从中吸取经验，不断完善自身的医疗救治体系，形成了一套完整的医事制度，对之后的王朝医疗体系建设产生深远影响。

一、秦代医事制度

在秦朝的政权管理体系中，少府作为九卿之一，下设六丞。太医令丞便是六丞之一，主要负责医疗事务。当时，全国各地都设有医长，由太常、太医丞负责管理教育。至于在中央机构中，更细化的药物之事由药府中的药长主持。

古书上曾经记载，始皇帝上朝处理政务的时候，总会有医生跟随左右，备有药箱，随时提供医疗保障。近年来，根据资料研究，人们大都认为：那时候的太医，既是皇室贵族健康的保障者，又是地方医疗的管理者，具有双重身份。

二、两汉医事制度

汉承秦制，在许多方面，汉朝的机构设置都与秦相似。汉朝依然是将太医令丞作为最高的医官职位，但在具体的管理上，又将医疗体系划分为太常和少府两大系统。

（一）太常系统

《汉书》中曾记载，太医令丞是太常的属官，受其管辖。在太医令丞内部，有更加详细的分工，一些人专门负责研制方药，另一些人专门负责管理方药，相互之间各司其职，互不打扰。如果再进一步细分，管理方药的人员又可以分为“典须方药”和“本草待诏”。其中，“本草待诏”是“医待诏”的一种，属于临时性医务工作人员，但也由朝廷发放俸禄。在实际的工作中，“本草待诏”如果医术精湛，可以升职，医术不好则会被辞退。

（二）少府系统

《汉书·百官公卿表》记载：“少府，秦官，掌山海池泽之税，以给供养，有六丞。属官有尚书、符节、太医、太官、汤官、导官、乐府、若卢、考工室、左弋居室、甘泉居室，左右司空、东织西织，东园匠十六官令丞。”从这里可以看出，汉代的医疗体系沿袭秦制，主要为皇室和各诸侯王服务，与后世王朝的太医院类似。

在古代封建社会，女子地位相对低下，多从事手工、纺织之类的工作，女子行医是十分罕见的，但西汉时期却留有女子作为中央医官的史料。据史书记载，“显爱小女成君，欲遣之，私使乳医淳于衍行毒药杀许后”。这句话说的是女医参与宫廷变故的事件，其中提到的乳医就是女医。鉴于我国从上古时期就有“男女有别”的伦理思想，可以推测乳医的服务对象应该是皇室女性及权贵女家眷。

◎ 东汉·刺绣花草纹镜袋

西汉初期，中央王朝并没有完全采用分封制，也没有完全采用秦朝的郡县制，而是把两者融合在一起，适应需求，以方便统治。分封出的诸侯国与中央王朝在机构、制度设计等方面，大体一致，细微之处则根据诸侯等级与制度要求略有不同。《后汉书·百官志》记载："医工长，本注曰：主医药。"医工长，这一官职在中央王朝医官制度中并不存在。在诸侯国中，医工长主要负责诸侯王及王室权贵的医疗保障工作。中山靖王刘胜墓中曾出土过刻有"医工"字样的铜盆，据推测这应该是为刘胜及其家人服务的专用医疗器皿。

秦汉大一统之后，统治者创立了中央集权的政治制度，又采取措施统一了度量衡、文字、车轨等，大大促进了各民族之间、邻国之间的医药交流，使先进的医术和药方可以互相学习借鉴传播。社会的大发展也对医学产生着重要影响。一方面，由于农学进步，作物栽培、蚕桑养殖、温泉温室使用等农学技术为药物提供了全新的认知以及全新的种植、采摘方式。另一方面，算学、物理、炼丹化学等科学技术也在不同程度上为医药学不断提供理论知识和素材。总结这一时期医学发展，除了在医学应用方面的进步，更重要的是产生了非常珍贵的医学传承教育思想。有别于其他手工业技艺，医学传承的思想显得尤为重要，对后世产生的深远影响主要有以下几点。

一是"因材施教"思想。西汉初期，临淄人淳于意将治病救人与研究中医相结合，治病救人的同时，又授徒传技。《史记·扁鹊仓公列传》记载，淳于意授徒，因材施教。他的弟子就学短则"岁余"，长则二三年，出师皆为名医。例如，他的弟子中，冯信、宋邑被史书称为"擅名汉世"，即使被认为"学未成"的唐安，也做了齐王侍医。淳于意以及他所培养的医学弟子享誉当时，他们之间的教育培养模式，对后世医学发展产生了重要影响。

二是"案例教学"思想。我国传统的"望、闻、问、切"四诊法的建立，与淳于意有关。他凭借多年的行医经历，主动参与创造，并不断优化，可以说是中医理论体系的奠基人之一。在行医过程中，淳于意不仅注重治病救人，还留意保存医疗案例，以供世人和后世参考学习。他所著的《诊籍》记录了已治愈患者的籍贯、姓名、职业、病名、病因、病性、诊断、治疗和愈后等信息，可以被视为最初的医案。从《诊籍》记载中可以看出，淳于意不仅擅长望诊，更精于切脉，他对脉诊的研究，使中医切脉诊断水平得到明显提高。《诊籍》是我国现存最早的病史记录，对研究我国医史具有重要的学术价值。

《史记·扁鹊仓公列传》中记载了淳于意的二十五例医案，治愈十五例，不治十例，涉及现代医学领域的消化、泌尿、呼吸、心血管、内分泌、脑血管、传染病、外科、中毒以及妇产科、儿科等方面。这其中包括淳于意为齐国王后弟弟宋健以及齐王侍女看病等诸多生动案例，成为后世参考的重要医学案例资料。

三是“辨证论治”思想。东汉名医张仲景曾经举孝廉，官职一直做到长沙太守。早年，他跟随同郡的张伯祖学习医术，刻苦学习《内经》。之后，张仲景广泛收集医方，写出了传世巨著《伤寒杂病论》，成为东汉末年著名医学家，被后人尊称为“医圣”。

◎ 张仲景画像

《伤寒杂病论》是我国第一部从理论到实践，系统确立辨证论治法则的医学专著，是我国医学史上影响最大的著作之一。它确立的辨证论治思想，不仅为诊疗外感热病提出了纲领性的法则，同时也给中医临床各科找出了诊疗的规律，成为指导后世医家临床实践的基本准绳，对后世中医学发展起到了至关重要的作用。例如，使用寒凉药物治疗热性病，是中医的“正治法”；而使用温热的药物治疗，就属于“反治法”。这两种截然不同的治疗方法都可用于治疗热性疾病。这就是辨证论治的实际运用，并不拘泥于书本，因人因事不同而运用不同的方法。医师通过“望、闻、问、切”四种诊断方法和辨证分析得出病理特征、症候特点，然后辨证选择不同的治疗方法。这种综合分析疾病性质，因人、因病、因症来选方用药的思想，是我国中医思想对世界医学发展的重要贡献。

四是“重视医德”思想。“医圣”张仲景在《伤寒杂病论》序中论述了他的医德观点。他批判了当时医者中那些追逐名利、攀附豪强的不正之风，以及部分医者在行医过程中不求甚解、不明医理，一味遵循古方的医学乱象。他主张变革当时流行的囿于家学的狭隘教育观念，提倡广泛继承、不断创新的医学教育观念。不管是阐述医技，还是论及医德，张仲景通过躬身垂范、著书立说，丰富和升华了前代的医学教育思想。

总结秦汉时期医学发展和教育思想，可以用“秦汉集权，医官完善，医学传承，医政奠基”来概括。具体来说，就是在大一统的封建制度下，统治者形成了以维护统治阶级利益为主要目的的医官体系，使“医官完善”，医官的征召和选拔制度化，医官层级和职能具体化，医官数量扩大化。同时，也得益于大一统的时代背景，统治阶层制定和施行了开明的医学政策，促进了医药融合。民间由此形成了家传医学的形式，并出现了不少的医学著作。

第三节 秦汉时期的农业技术教育

农业一直是我国古代最重要的产业。农业生产的好坏往往决定着一个王朝的兴衰存亡。秦代主要采取“授田”与“租佃”两种形式将土地分配给农民。授田制下的农民拥有更多的人身自由，所担负的赋税也较低；而租佃制下的农民则同封建政权之间有着相对严格的依附关系，承担着更为繁重的赋税。到了两汉时期，社会发展出两大基本阶级——地主阶级和农民阶级，农民阶级又分为自耕农民和依附农民。其中，从事农业生产的绝大多数是依附农民，以租佃方式租种官田或世家大族的土地。这一时期，农民数量越来越多，地位越来越低，农业生产和技术教育呈现出以下三个主要特征。

一、皇帝亲耕与官吏劝农

秦汉时期，统治者都强调农业为国之本。统治阶级对农业极为重视，国家采取多种措施来稳定农业人口，传播农业技术知识，发展农业技能教育。但是，随着社会发展，汉代的社会风气出现“天下侈靡趋末，百姓多离农亩”“舍本农而趋商贾”的现象，大批的农业人口为了求利而转入商业及其他行业。因此，汉代皇帝常常下诏劝课农桑，甚至亲耕籍田作为天下表率，不断采取减轻农业赋税等措施来吸引和维持农业从业者。《史记·孝文本纪》记载：“农，天下之本，务莫大焉。今勤身从事而有租税之赋，是为本末者毋以异，其于劝农之道未备，其除田之租税。”

为了贯彻农本国策，秦汉时期地方各级官吏都承担着劝课农桑的职责。在汉代，地方农业技能教育，主要由地方官吏中“循吏”“三老”“力田”等承担。例如，《汉书 · 循吏传》中记载，黄霸在任颍川太守时，“为条教，置父老师帅伍长，班行之于民间，劝以为善防奸之意，及务耕桑，节用殖财，种树畜养”；龚遂在任渤海太守时，“劝民务农桑，令口种一树榆，百本薤、五十本葱、一畦韭，家二母彘、五鸡”。

二、新农具与新耕作技术出现

秦汉时期不少官吏不仅承担劝课农桑的职责，更积极推动农耕方法的改进与传播。汉武帝时期的赵过就是汉代重要的农业科学技术专家和传播者。《汉书 · 食货志》记载，汉武帝任命赵过为搜粟都尉，推广代田法。“过能为代田，一亩三甽。岁代处，故曰代田。古法也。”这里“岁代处”指的是沟和垄的位置每年互换，使土地的利用和休养轮番交替，在肥料不足情况下使地力能得到自然恢复和增进。此法非常适合我国北方黄河流域旱作地区，对于恢复汉武帝末年因征战而凋敝的国力起到了一定的作用。为了适应代田整地和播种的需要，赵过在推广代田法的同时，大力推广牛耕，并发明了功效较高的播种机——耧车。汉武帝初年，牛耕只限于富豪之家，一般农民仍主要使用木制或铁制耒具。之后，经赵过的不懈推广，耦耕法、铁犁和牛耕逐渐普及，取得了“用力少而得谷多”的良好效果。赵过所创造的新农具和新耕作技术，在我国古代农业科学技术的发展史上占有重要的地位。

◎ 东汉 ·《牛耕图》画像石

三、农书与农业生产技术传播

西汉末期，农学家氾胜之著有《氾胜之书》，这是关于西汉黄河流域劳动人民农业生产经验和操作技术的总结，是我国古代早期的农书。而到东汉中晚期，崔寔则著有《四民月令》一书。农书的出现，加快了农业生产技术的传播交流，对农业生产发展起到了不小的推动作用。

农学家氾胜之在《氾胜之书》中提出若干重要的耕作原理和原则，如“趣时”“和土”“务粪泽”等农耕方法。这部农书涉及广泛，内容详细，其中记载有粮食、油料作物、纤维作物等十多种农作物，还有瓜、芋等副食，并且对每种作物从选种、播种、收获到储种，都进行了精确叙述。《四民月令》则是东汉崔寔模仿古时月令所著的农业著作，按照一年十二个月的次序，将一个家庭中的事务做有序安排。具体来说，这些家庭事务可区分为三类：一是家庭生产和交换；二是家庭生活（包括祭祀、医药养生、子弟教育、住房和器物的修缮等方面）；三是社会交往。这部农书不仅是农业生产的技术书籍，更是如今我们研究汉代社会生活的重要历史资料。

第四节 秦汉时期手工业的发展及技术教育

秦汉时期，官府手工业和民间手工业都急速地向前发展。官营手工业“工师授徒”和私营手工业“家传技艺”的形式得到了延续和发展。另外，诸如《均工律》等法律以及科技档案中均记载了不少当时先进的手工业工艺技术。这一时期，手工业重大发明有水排、“百炼钢”工艺技术、织物印花技术、瓷器、漆器以及玉雕工艺等。尤其是四大发明之一——“蔡伦纸”的诞生，极大地推动了社会向前发展。从传播角度讲，这一时期的工匠技艺传承形式，主要表现为官方技艺培训走向规范化，民间技艺家传世学成为主导。

◎ 东汉 · 尚方博局纹铜镜

对于官营手工业，秦汉中央政府专门建立了相关机构——工室，让其去管理、监督各手工业的生产。例如，当时咸阳工室的主要责任就是经营采矿、铸钱、制陶、制漆，以及制作兵器、车辆、皮革、酒酿等产品。除此之外，工室还有另一个任务，就是负责培养优秀的工匠和相关掌握技术的人员。

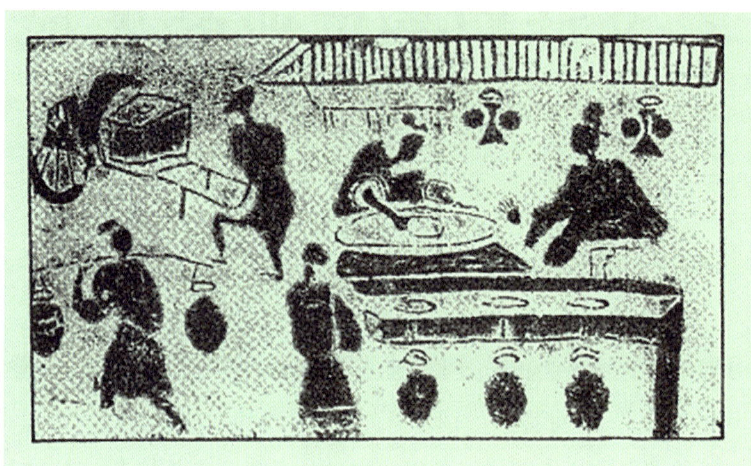

◎ 东汉“酿酒”画像拓片

当时，统治阶层还推广了“物勒工名”的制度，就是把工匠的名字刻在器物上，以此来考察工匠的工作态度、技术水平。如果在生产过程中，工匠不认真对待而出现质量问题，就要详细追究责任。其实，“物勒工名”制度在战国时便出现了。但到了秦朝，人们将它划归到法律条文里面。从考古资料看，“物勒工名”制度适用的范围是非常广的，如兵器的制造、铁器的生产、漆器的制作、度量衡器的管理等。总之，“物勒工名”对于提高手工业产品的质量发挥了重要的作用。官府的这种严格的标准化要求，为产品的大规模生产创造了条件。同时，工匠技术水平的提高，也有利于提高产品的数量和质量，有利于对产品质量的验收。可以说，相比于先秦时期的官营手工业，秦汉时期在手工业技艺传承与培训教育方面，最突出的特色就是越来越规范化，并且形成了技术标准和流程。

虽然秦汉时期官府大规模发展官营手工业，对私营手工业生产有所限制，但并不阻碍其发展。因而，民间也存在一些大型私营手工业作坊和个体手工业作坊。在大型私营手工业作坊中，手工业生产者主要有两类，一类是被雇用的工匠，另一类是私属性质的奴隶。这些工匠都是自由身份，而且能够通过自己的技术换取报酬。而个人手工业作坊里的生产者一般都是以家庭成员为主的，很难传授给外族之人。这在很大程度上与秦汉时期高度集中的中央集权有一定关系。秦汉时期的私营手工业，依然延续了先秦时期的家传其学的传统。伴随着家庭和私营手工业经济的发展，“父子相传”的技艺传承模式得到了巩固和加强。

《西京杂记》中记载：“霍光妻遗淳于衍蒲桃锦二十四匹、散花绫二十五匹。绫出钜鹿陈宝光家。宝光妻传其法，霍显召入其第，使作之。机用一百二十蹑，六十日成一匹，匹值万钱。”这里是说陈宝光之妻是一名织绫艺人，她传承了家里的织绫技法，被霍光的妻子招入家中专门从事织绫工作。这一方面说明了家庭技艺传承的普遍，同时也说明家庭技艺传承的保守性，陈宝光之妻传承了陈宝光家的织绫技艺，很可能是旧时家传技艺“传媳不传女”的写照。《盐铁论·水旱篇》也有记载：“家人相一，父子戮力，各务为善器，器不善者不集。”这里很好地描绘了家庭成员共同从事手工业的家庭模式。这些都是父子相传的技艺传承模式得到巩固与强化的佐证。

◎ 汉代“五星出东方利中国”织锦护臂

从秦汉起，工匠群体在历史上的地位发生了重要的转变。在先秦时期，氏族工匠多是自由人。在夏朝时，工匠因为具有特殊的技艺还受到了一定的重视，那时百工的地位并不低。周朝的时候，进入官府体系的食官工匠虽受到一定的限制，被官府所管辖，但除了服役的奴隶、俘虏，食官的专业匠人的身份大体上依然是庶民，不算是奴隶。到了春秋战国时期，由于工商食官制度已经不复存在，民间自由工匠逐渐多了起来，他们能够自由安排工作，可随意前往他处劳作，在身份上算是自由之身。这一时期，工匠甚至还保有一定的政治权利，如《国语·周语上》有“百工谏，庶人传语”的记载。而这种状况在秦汉以后就发生了变化，秦汉时期工匠身份的卑劣地位由法律明文规定，再配合沉重的徭役负担，使得工匠的生存异常艰难。秦朝甚至把罪犯和工商从业者并列作为一类人，国家对这些私营手工业者的轻视显而易见。这种贬低匠人身份和职业的做法是为了配合当时国家重农抑商政策。

尽管私营手工业的发展受到一定限制，但在大一统的国家背景下，整体手工业的发展还是取得极大进步，形成了影响深远的手工业传承教育思想。1975 年 12 月，在湖北省云梦县睡虎地秦墓中发现了大量的秦简，其中就有关于技术技能教育的内容，详细地记载了手工业在那一时期的要求、发展、变化、传承。《秦律十八种》中《工律》《均工》《工人程》《秦律杂抄》的有关条款是目前为止我国最早的手工业法规。上述秦律中规定了对手工业工匠的培养、考核、管理等具体条款，体现了很多手工业技能教育思想。

一、重视技术人才

在官营手工业作坊中，必须力求人尽其才，防止人才流失。《均工》里曾这样记载：“隶臣有巧以为工者，勿以为人仆养。”这句话的意思是只要是拥有一定技能的奴隶，即使地位低下，也不能让他们做低级劳动力，必须从事专门的手工业生产。这里强调的就是要人尽其才，不能浪费了技术人员的能力，应该让他们有发挥才能的地方和机会。

二、强调对新从业的工匠进行培养和教育

《均工》还规定官营手工业作坊的管理者，肩负有培养、训练新工匠的责任。其中明确要求：工师要主动教授技术，使有一定技术基础的人一年时间便可以独立完成作业，而毫无技术基础的人两年内也必须结业。如果能够提前结业，则给予奖赏；

逾期技艺不达标，不能结业，则给予处罚。由此可见，秦汉时期，官府对于生产技术的要求十分严格。

◎ 汉·错金铜豹镇

三、强调掌握手工业生产的“法度”

在秦汉时期的手工业生产中，工匠必须按政府规定章程进行生产，遵循一定的操作规程。例如，在官营手工业作坊的产品上，工匠必须刻上自己的名字，以示对产品质量负责，方便后续出现问题的时候进行追查。在对工匠的培训教育中，也特别强调要掌握产品的生产标准。《工律》中就有这样的记载：“为器同物者，其小大、短长、广夹（狭）亦必等。”可见，产品生产的标准化已经出现在官方授艺的程序内。

四、工匠的考核标准严格

《工人程》是秦代关于官营手工业生产定额标准的法律，其规定之详细，世所罕见。例如，《工人程》中记载：“隶臣、下吏、城旦与工从事者冬作，为矢程，赋之三日而当夏二日。”这句话的意思是，隶臣、下吏、城旦和工匠在一起生产的，在冬季劳动时，要放宽标准，三天收取相当夏季两天的产品。《工人程》还记载有：“隶妾及女子用箴为缗绣它物，女子一人当男子一人。”这句话是意思是，隶妾和一般女子用针制作刺绣等产品的，女子一人相当男子一人计算。这些记载都说明当时对工匠生产数量有严格规定，甚至还包括男女同工同酬的法律条文。这些细节证明了官方作坊的发展达到了一定的高度，是我国手工业发展史的标杆之一。

◎ 西汉·错金银云纹青铜犀尊

总体来看，秦汉作为我国封建时代的第一个高峰，其手工业的传承教育思想，对于提高产品质量，提高工匠技艺，起到了很大的促进作用，给后世手工业的发展留下了很深的烙印。

第三章 魏晋南北朝时期的技术技能教育

魏晋南北朝时期，技术技能教育总体特征表现为多元文化背景下出现思想萌芽以及底层人民职业技术创造力拓展。自汉代独尊儒术以来，“经学”教育与“仕”之培养成为古代教育的核心特征。到了这一时期，魏晋思想家却纷纷提出“四民分业定数”“用人当其才”“劳动教育”等著名思想，突破了我国封建制度下儒家人才培养模式的垄断地位。

魏晋南北朝时期，天下极为动荡。为了政治竞争的需要，各个国家其实都很重视发展实业，重视技术人才，将技术人才作为重要的资源，实行严格的管理。因此，这一阶段的技术技能教育和农业、手工业生产又有了一定的发展。此时技术技能教育的主要特点为：培养法律、医学、算学、书画艺术等方面“实才”的专门学校开始设立；大型农书系统总结和传播农业生产知识和技术；官府把最优秀的工匠都安置到官营手工业中，垄断了手工业技术。

第一节 魏晋南北朝时期的专门学校

魏晋南北朝时期，宦学在技术技能教育中的作用开始衰落，培养书学、医学、算学、律学、麟趾学等实用人才的专门学校开始出现在封建国家的中央官学体制中。专门学校的出现在培养技术职官职业人才方面发挥了积极作用，是技术技能教育史上的重要突破，使儒学不再处于垄断地位。这一时期，官办专门学校主要有以下五种。

一、书学专门学校

书学创立于西晋初年。西晋武帝初，在大学之外另立国子学，增设国子学博士。西晋设立书学后，隶属秘书监，与国子学、太学分属两个系统。如果说国子学、太学是儒学教育，那么书学则是专门教育。此后几百年，基本保持这种状况。直到隋朝建立后，将书学划归国子监。魏晋南北朝时期，书法名家辈出，其中以“书圣”王羲之为代表。这与书法受到普遍重视以及成为专门的学科有密切关系。

二、医学专门学校

南朝是最早创立医学专门学校的朝代。此前，医学的传授多靠私学家传。南朝太医秦承祖向皇帝提议，设立医学校，教授医学。经皇帝同意后，设立的医学专门学校一直延续到元嘉三十年（公元 453 年）。这是我国最早的关于设置官办医学教育机构的明确记载。

北魏时期，宣武帝曾下《立医馆诏》，提出："可敕太常于闲敞之处，别立一馆，使京畿内外疾病之徒，咸令居处。严敕医署，分师疗治，考其能否，而行赏罚。虽龄数有期，修短分定，然三疾不同，或赖针石，庶秦扁之言，理验今日。"有学者认为，这里提到的别馆是我国古代医院的雏形，也是考评医官、传播医术的地方。尽管魏晋南北朝的医学专门学校时立时废，但医学教育纳入官学体系具有划时代的意义。

三、算学专门学校

算学作为古代六艺之一，到了北魏时期，才开始有可以学习这门课程的地方。《魏书》中记载："殷绍，长乐人也。少聪敏，好阴阳术数，游学诸方，达《九章》《七曜》。世祖时为算生博士。"由此可以看出，北魏太武帝时期，就已经有"算生博士"了。北魏设置算生博士，是算学专门学校已经设置的佐证。《魏书》中还记载："绍还赴学。太和初，充太学生，转算生，颇涉经史。十六年，高祖选为门下通事令史。"这也证明了北魏已经设置了与太学并存的算学。

魏晋以来，算数之职一直归于史官。北魏设立算学专门学校，让算学成为了一个独立的科目。后来，北周、北齐也都设置了算学专门学校。直到隋朝，算学和书学被划分到国子监。另外，算学与天文官培养是相联系的，是天文官必备的基础知识和技能。

四、律学专门学校

魏晋南北朝是律学专门学校初创和发展的重要时期。秦朝曾在培养吏的"学室"里把律学作为重要的学习内容之一。汉代的中央官学中没有设置专门的律学学校，主要通过私学传播律学。直到魏明帝时期，我国才出现最早的律学专门学校。同时，官府在学校里也设置律博士一人，让律博士去教授各个地方的官吏理解和使用国家法律条令。此后，魏晋南北朝的统治政权里也都增加了这样类似的教师职位，通过设立律学博士，培养法律人才。这种制度在十六国时期得以延续，《晋书》中曾记载，后赵主石勒任命“参军续威、庾景为律学祭酒”，律学祭酒即律学的主管。

除北齐时将律学划归大理寺外，从曹魏设置律学开始，一直到南北朝结束，律学一直隶属廷尉。至唐代，官府正式将律学划归国子监，成为国子六学之一。

五、麟趾学

北周时期，中央官学除沿袭旧制设立太学之外，明帝宇文毓时期还设立了麟趾学。《北史》记载：“明帝雅爱文史，立麟趾学，在朝有艺业者，不限贵贱，皆听预焉。”设立麟趾学之后，学徒颇盛，其中不乏当时的名士和学有建树者。据史料记载，当时的南方名士颜之仪、梁简文帝之子萧大圆、南朝著名的绘画评论家姚最以及唐代著名书法家颜真卿的高祖都曾是麟趾学士。

◎ 东晋·顾恺之《洛神赋图卷》局部

这一时期，自汉以来“独尊儒术”的单一文化格局逐渐被儒、道、佛、玄诸说并存的多元文化格局所代替。在这样的背景下，麟趾学士创造了当时清新飘逸的艺术风格，对后世产生深远影响。

第二节 魏晋南北朝时期的农业技术教育与《齐民要术》

魏晋南北朝时期，农业仍然是国家的经济命脉。但由于社会动荡，农业的发展呈现兴盛与凋敝并存或交替的现象。这一时期，农业发展的重要特征就是不同历史阶段实施了不同的农业耕作制度。曹魏时期实施“屯田制”，将流民招募集中在一起，以军队的组织管理方式开垦荒田。魏末晋初，“屯田制”由于不再适应经济发展的需要而被取消。西晋时期，统治者大力发展农业，推行“占田课田制”，农业得到发展，甚至出现了为史家称道的“太康之治”。北朝十六国期间，战乱导致北方农业凋敝，但在一些朝代统治时期，包括北魏、北齐和北周，都实施了“均田制”。东晋南朝时期推行“占山固泽令”，使占山固泽有制度可依。因此，尽管这一时期战乱连绵，但统治者一有机会，还是会不遗余力地发展农业。

魏晋南北朝时期，先后出现三国纷争、西晋“永嘉之乱”、北方少数民族政权相互倾轧、南方诸王朝更迭等历史乱象，人民流离失所，辗转迁徙多于安居乐业，造成我国历史上人口的空前迁移与大量死亡，并伴随出现土地荒芜、生产凋敝的状况，农业教育政策不具有连续性。如此乱世，农业发展时好时坏，农业技术教育也呈现出时代背景下的传播特点。

一、劝课农桑

魏晋南北朝时期，尽管战乱频繁，但统治者仍然延续了一贯的重农思想。魏、蜀、吴均实行“屯田制”，特别重视农业，劝民农桑也是许多地方官的重要政绩。《三国志·魏志》记载，邢颐“更辟司空掾，除行唐令，劝民农桑，风化大行”。《晋书·食货志》记载：“四年正月丁亥，帝亲耕籍田。庚寅，诏曰：使四海之内，弃末反本，竞农务功，能奉宣朕志，令百姓劝事乐业者，其唯郡县长吏乎！”这表明两晋时期制定了明确的赏罚制度，以督促地方官员抓好农业生产。

籍田是帝王的专有土地，只有天子或者诸侯才有资格主持耕籍礼。因此，少数民族诸侯有时为表达政治抱负而实施耕籍礼。耕籍礼客观上推动了少数民族以及偏远地区农业教育。其一，南北朝时期，各代政权都强调推行劝课农桑，主要方式为“以刑当劝”“以诛当赏”，以严厉刑罚对付农民。《宋书·文帝纪》记载：“有司其班宣旧条，务尽敦课。游食之徒，咸令附业，考核勤惰，行其诛赏。”其二，南北朝时期实施“农桑殿最之制”，将农业生产的效益与官吏的业绩考核结合起来，以加强官吏劝农的积极性与有效性。这种制度规定，各州郡县的农业生产的成绩须接受中央政府的考评，考评结果成为官吏升黜的标准。

南北朝时期的劝课政策较为细密，始终贯彻“劝课亦不容太简，简则民怠”的原则。具体表现为：一要按耕种面积实行劝课，使农业劳动者与其所分配到的田地相匹配，实施“力业相称”的方针；二要按照农时实行劝课，即依照农业生产的季节性，在春、夏、秋三个农忙季节，通过劝课使农民依时而作；三要按照国家的需要实行劝课，战时、战后的劝课政策应有所差异。

二、南北农业交流

自夏商周三代至秦汉，黄河中下游地区一直是我国经济政治中心，也是我国古代人民主要的流动区域。这一地区无论是土地的开垦情况、作物产量水平、人口数量，还是农业的发展水平，都远远领先于南方地区和北方游牧地区。但由于魏晋南北朝的大混乱，大量的农业人口迁徙，逐渐改变了这一状况，使得南北农业得以交流，南北各地渐趋均衡发展。此时，南北农业交流呈现出以下几个特点。

（一）南北农业渐趋均衡

秦汉时期，南方很多地区仍然采用“火耕水耨”“饭稻羹鱼”等方式进行生产活动，农业发展水平相对滞后。魏晋南北朝时期，由于北人南迁，带去了先进的铁农具及冶铁技术，使得南方农业得到飞速发展。这其中的主要表现包括以下两点。

一是铁制农具的大量使用。南北朝时期，南方的冶铁业发展迅速，已经产生了铁岘山冶、六安冶等冶铁中心。此时，不仅官方冶铁有了大发展，民间冶铁同样盛行。《宋书》就曾记载："一断民私鼓铸，而贵卖铁器，商旅吁嗟，百姓咸欲为乱。"另外，由于水冶技术的推行，冶铁业的鼓风动力得到改善，更为冶铁业的发展创造了条件。冶铁业的发展，为铁制农具的大量使用提供了物质基础。这一时期，铁犁、耙、铁齿䥥楱（zòu）、锹等铁农具都逐渐应用于农业生产。

二是劳动力资源增加。大规模农业人口的迁徙，为南方开垦农田、兴修水利提供了大量的劳动力，使得南方的优质土地数量不断增加。东晋时，曲阿（江苏丹阳）立新丰堰，溉田八百余顷；乌程（浙江吴兴）筑荻塘，溉田千顷；勾章（浙江慈溪）修复汉时旧堰，溉田二百余顷……作堰溉田、泄水成田，这一切都显示南方农业在不断发展中，与北方农业的差距在不断缩小。

◎ 桔槔（左）、辘轳（右）（出自《齐民要术》）

（二）南北各地作物品种的交流与传播

从上古时期开始，黄河中下游地区就形成了以麦、粟、稻、菽为主要粮食作物的农业生产格局。魏晋南北朝时期，随着各族人民经济、文化的深入交流，粮食作物品种的引进与传播也有了长足发展。《齐民要术》中有篇章专门介绍了边远民族地区及国外的一些引进作物。据此，可以想象当时作物品种交流地域的广泛性和品种的多样性。

这一时期，各族人民经济、文化的广泛交流，所起的作用是互补性的，各有所得。周边地区向中原地区输入适宜种植的作物，而中原地区更多的是带去了先进的生产科技和管理经验。前者是有形的实物形态，后者是无形的技术形态，两者相互融合，形成了更高层次、更符合时代特点的农业生产体系，从而推动双方农业生产向前发展。

（三）各地种植作物的多元化与精耕思想的传播

不同地区作物品种的交流与传播，促进了各地农作物种植的多样化及种植业结构的调整。例如，江南农业结构的显著变化是从原来比较单一的水田农业，向水旱并举农业转变。这一转变是由北方旱田作物麦、粟、菽等耐旱、耐寒作物的南移而实现的。此外，大规模的北人南迁，在带去先进生产工具和作物良种的同时，也带去了精耕细作的农业思想。这对南方土地的合理开发利用、作物产量的提高以及农业生产的发展等都有着许多积极的意义。

三、《齐民要术》对农业技术的总结和传播

《齐民要术》是我国杰出农学家贾思勰所著的一部综合性农学著作，共 10 卷，92 篇，其中正文 7 万多字，注文 4 万字。这本书内容丰富，涉及农业生产和人们日常生活的各个方面，包括农艺、蔬菜、果树、林学、畜牧、养鱼以及农副产品加工等专业。其中，农业部分占到了全书的 1/3。

这本书完整地记述了从整地播种到收获储藏的一整套技术。特别是整地作业，继承《氾胜之书》的耕作原则，总结了耕、耙、耢的技术体系。针对我国北方气候干燥，春季少雨多风，且多伏旱，农业生产易受干旱威胁的现象，《齐民要术》进行了精辟的论述，提出防旱保墒是农业生产的一项重要任务。

《齐民要术》中有许多关于农业生产技术和经验的记载。通过这些记载，可以发

现当时的农业生产技术已经较为发达。许多技术和思想不仅比两汉进步许多，而且在现代也具有很高的价值。其中，关于绿肥的使用，为恢复和培养土壤肥力开辟了广阔的途径。对作物栽培管理技术也有许多改进，对播种前的“浸种”“拌种”技术和播种期、播种量的掌握都有记录。书中记载的果树繁殖技术包括播种、扦插、分株等繁殖法，甚至果树嫁接法，并出现了不同种间的嫁接。这说明我国很早就掌握了果树的无性杂交技术。

在良种繁育上，贾思勰也积累了丰富的知识，提出了选种的原则、标准和方法等，把我国古代选种、育种科学提高到一个新水平。

《齐民要术》还有相当篇幅记载了林木经营的内容，所记的树木都有一定的用材价值和经济价值，而且多为速生树种，甚至对其移栽法和应注意的事项，都有所记载。这些经验被后来的农书或种树书籍所引用。明代徐光启的《农政全书》和清代的《授时通考》都汲取了《齐民要术》中的成果。从历史角度看，《齐民要术》总结和传播了传统的农业科学技术，推动了当时的农业生产，对后世农业的发展产生了深远影响。

第三节 魏晋南北朝时期手工业的发展和技术教育

虽然魏晋南北朝时期战乱不断，但有些手工业领域还是取得了一定的进步和发展。与秦汉时期相比，魏晋南北朝的手工业多以官营为主。这一时期，手工业的发展表现有：一是蜀、吴两地丝绸技术已经非常精湛，南北朝时棉布已经广泛流行；二是因佛教传入，这一时期的寺院、佛塔建筑工艺迅速发展；三是石油、天然气已经被人们发现并使用；四是瓷器可以烧制出青瓷、黑瓷、白瓷，制瓷已经具备了相当高的技术条件；五是文化发展的需要，东晋南朝造纸业发达，造纸技术有重大进步；六是机械制造技术有了很大进步。这一时期甚至还出现了一位机械大师——马钧，他改进了已有的纺织机械，提高了纺织速度，从而促进了丝织业的快速发展。

◎ 北魏·青铜鎏金弥勒三尊祭坛

这一时期，官营手工业中从事生产的工匠，数量最多的是所谓“百工户”，即民间注籍匠户，他们地位低下，需要世代服徭役。此外，为了满足官方手工业的发展需求，政府不断征集大量工匠，很多史料都记载了这种征用工匠的记录。《三国志·吴书》记载：孙吴时“科郡上手工千余人送建业”。征发工匠集中管理，成为保证官府手工业劳动力的主要手段。一些刑徒也在官府从事生产，即使这样，工匠还是有不够用的时候。因此，农民就成为补给劳动力的源泉。《三国志·魏书》里就有召集农民建造宫殿屋宇的记载，即“时取农民以治宫室”。根据资料记载，那时工匠的地位是非常低的，他们的身份要低于平民，被称为“杂户”“伎作户”。且当时有明确的法律规定：王公贵族、师傅、士民不允许与伎巧、百工结婚，违反者会受到严重的惩罚。不过，随着社会的发展，工匠们的悲惨身份有所改变。从南北朝中期开始，官府逐渐放松了对工匠的控制，他们的待遇、职业、服役制度等都逐渐发生着变化，身份地位略有提高。例如，从北魏开始，官府逐渐放松了对工匠的管控，允许工匠转为农民。再后来，工匠无休无止的劳动时间也发生了变化，服役方式转变为轮番服役。

◎ 东晋·顾恺之《列女仁智图》局部

魏晋南北朝时期是我国历史上政权更迭最频繁的时代，长期的封建割据和连绵不断的战争，对我国文化的传承发展产生了严重影响。单就手工业技术传承来说，此时工匠的技术传授只能遵循“父兄之教、子弟之学”的原则，以“家传世学”的方式进行。国家严格禁止工匠设立学校，禁止公开教授自己已知的关于手工业的技能。战争频繁加上官府垄断手工业技术，民间手工业自然得不到发展，致使当时的手工业传承有所间断。

在士族动荡不安、朝不保夕的态势下，以道家思想为骨架的玄学思潮，开始扬弃魏晋早期的名法思想，转而批评儒法之士。南北朝时期，玄学思潮归于沉寂，佛道二教继续发展，儒学面临严峻挑战。这一时期的教育思想家傅玄、颜之推的“品才有九”“薄技立身”“杂艺自资”等朴素的技术技能教育思想，突破了儒家“君子不器”的思想束缚，对后世实学教育思想的产生以及经学主导下技术人才培养观念的形成均起到奠基作用。因此，魏晋南北朝的技术技能教育相比两汉时期出现了以下几个方面的变化。

◎ 魏晋名士形象（东晋·顾恺之《洛神赋图卷》局部）

一、官学专门学校出现

魏晋南北朝时期，在技术技能教育模式上的突破，就是出现了专门学校。这一时期的专门学校包括书学、算学、律学和医学。专门学校教育已经具有了技术技能教育的基本属性。专门学校虽然并不是直接为工匠授课，但为工匠突破手工业领域提供了教育条件。

二、私学家传与师徒授受

魏晋南北朝时期，文化、科学、艺术获得长足发展，主要得益于私学家传的贡献。例如，“书圣”王羲之的儿子、侄子都很擅长书法；祖冲之一家擅长天文历算；崔彧擅长医术，他儿子也是以医术知名等。另外，师徒授受也是工匠教育的重要方式。这种师徒授受的方式，在授业之前往往有一个较长时间的考察过程，考察内容包括弟子的德行、志向、悟性、毅力等方面。

三、以“著作”传承技术

魏晋南北朝时期，出现了以技术技能教育著作传承技术的形式。其中，最典型的例子是农业著作《齐民要术》的问世。《齐民要术》为贾思勰所著。他广泛收集历史文献资料及民间谚语歌谣，并积极向有经验的老农请教，再加上自己的实践验证，终于写成了《齐民要术》这一巨著。全书内容涉猎广泛，涵盖大田作物、果树和林木、动物饲养、酿造、食品加工、荤素菜谱、文具和日用品生产以及南方的热带亚热带植物资源等。这是世界上现存最早的、较系统的一部农业百科全书式著作。书中总结出许多农业生产的规律，如耕种要顺应自然的时序变化，提出了轮耕法、密植和套作法，重视种子品种和特性等。

另外，其他的技术技能教育著作还有很多，如吴普著有《吴普本草》、李当之著有《李当之药录》、葛洪著有《金匮药方》100卷以及《肘后备急方》3卷等，均对当时的技术传承起到重要作用。

四、机械发明及其传播

魏晋南北朝时期，我国的机械技术有了不少突破，出现了许多有益的发明。例如，《马钧别传》中记载，其“巧思绝世”，改革了织绫机，发明了龙骨水车；杜预发明了连机水碓；刘景发明了连转磨；祖冲之发明了千里船等。

这些机械发明家可以说是技术技能教育的结果，反过来，他们也推广了技术技能教育。从这一层面讲，魏晋南北朝时期技术技能教育和工匠培训的新形式为隋唐的技术技能教育发展提供了绝对丰富的经验，功不可没。

◎ 南山四皓画像砖

这些技术技能教育形式的转变更多来源于社会的变化及教育思想的变化。这一时期，教育思想方面与两汉相比，主要有以下三个变化。

一是追求“实事求是”“学以致用”的科学精神。祖冲之是我国南北朝时期数学家、天文学家。他的著作很多，但现在仅存《上大明历表》《大明历》《驳戴法兴奏章》《开立圆术》等篇。

祖冲之对我国古代技术技能教育的贡献和思想，重点是他在数学、天文学研究中崇尚科学的态度和学以致用的思想。这些思想在儒学泛滥、佛道盛行的时代极其可贵，对后世的实学发展、科技进步具有重大影响。尤其是在推行新的历法《大明历》时，他丝毫不畏权贵，勇于进行辩论，坚持事实真相，为新历法的推行做出了极大贡献。

除数学和天文历法之外，祖冲之还是一位博学多才的科学家和发明家，制造过各种奇巧的机械。他把精确计算后获得的机械原理应用于发明创造中，动手和动脑相结合，开创了“理实一体化”技术技能教育思想的先河。

二是探索“应世经务”“薄技立身”的处世思想。颜之推是我国南北朝时期著名思想家、教育家、文学家，一生著述颇丰，但是流传下来的只有《颜氏家训》《还冤志》二书以及少数几篇文章。其中《颜氏家训》二十篇，是他对自己一生有关立身、治家、处世、为学经验的总结，被后人誉为家教典范，影响深远。

颜之推生活时期，朝代更替频繁，士族生活风气奢靡，轻视生产劳动，反映到教育上便是对学习的轻视。当时梁朝贵族子弟不学无术，庸碌无能，知识浅薄，体质羸弱，既不从事劳动，又不爱好学习，在求取功名时大肆舞弊。颜之推认为当时的士大夫教育严重脱离实际，培养的人才缺乏任事的实际能力。他认为士大夫教育必须改革，不应培养清淡家，也不要培养章句之士，更不应培养不学无术的庸碌之辈，而应培养对国家实际有用的人才。士君子应向下层人民学习，不能轻视劳动生产，要增加生活经验，注意学习经世致用的知识。颜之推对腐朽空泛的士大夫教育批判深刻，切中时弊，在我国古代教育思想史上很有影响。

颜之推生活的社会处于多重矛盾的冲突之下，频繁的战争和兵祸不仅使广大人民的生计毫无保障，就是士族的社会优势也常常处于朝不保夕的危险境地。对此，颜之推对士大夫子弟不学无术、难以立世非常忧虑，强调子女要学习一门技艺，这样才可以安身立命。他认为，只要有技艺在身，就可以随处安身，即“有学艺者，触地而安”。

颜之推尽管是士大夫阶层代表，但他批判玄学空谈、重视农业生产与倡导培养应世经务之才的思想尤为可贵。

三是倡导“贵农”“兵术”的教育理念。刘昼，字孔昭，北齐著名文学家，一生著作有《六合赋》一篇、《高才不遇传》三篇、《帝道》《金箱壁言》《刘子》十卷等著作，但大多亡佚，主要有《刘子》十卷五十五篇存世。刘昼广泛吸收儒、道、法、农、纵横、兵、杂等各家的传统理论，在《刘子》中充分表达了自己远大的政治理想和教育思想。其中最为人称道的是“贵农”“兵术”等方面的教育思想。

（一）“贵农”思想

刘昼在《刘子·贵农》篇中提出：“衣食者，民之本也，民者，国之本也。民恃衣食，犹鱼之须水，国之恃民，如人之倚足。”这句话说明稼穑桑麻是民生之本，而民生富足是治国之本，就像鱼儿需要水、人需要双脚一样重要。“衣食饶足，奸邪不生；安乐无事，天下和平”，只有衣食无忧，才能社会稳定，天下太平，这就是刘昼的“贵农”思想。但是，刘昼在阐述“贵农”思想的同时，也表达了“工巧为末”的轻视手工业思想，认为“衣食为民之本，而工巧为其末也”。他认为发展手工业会影响到农业生产。需要指出的是这里的手工业指的是“雕文刻镂”“锦绣纂组”这些为王室贵族奢靡生活耗费人力物力的劳作之事，而非关系民生供给的手工业。

（二）军事教育思想

刘昼在《刘子·阅武》篇中阐述了对国民进行军事教育的理论。其一是国民军事教育的重要性，运用春秋时期军事著作《司马法》的观点：“国虽大，好战必亡；天下虽安，忘战必危。”强调必须加强国民和军士的备战意识和习武教育。

其二是国民军事教育的方法和途径。他提出利用农业生产的不同时间节点，根据不同的情形有选择、有目的、有安排地进行练兵治兵，整肃武备。如果允许，甚至可以把民众饮酒礼仪、祭祀等活动作为军事教育中“明贵贱，辨等列，顺少长，习威仪”的教育形式和内容。他还从反面论证说：“若民不习战，则耳不闻鼓铎之音，目不察旌麾之号，进退不应令，疏数不成行。故士未战而震栗，马未驰而沫汗，非其人怯而马弱，不习之所致也。”

关于士兵训练方面，刘昼指出，经过训练的士兵和不进行训练的士兵交锋，两者之间的胜负不用战斗就已经定了。他一再强调“射御惯习，至于驰猎，则能擒获，教习之所致也”。各种军事技能的养成必须通过日常的教习来实现，应积极地进行军事教育和训练，并且要整修兵器，防备战争的发生。

纵观整个魏晋南北朝时期，朝代频繁更替，社会动荡不安，民众颠沛流离，如此政治态势，影响着社会的方方面面，但手工业发展和技术教育仍取得一定发展，殊为不易。

第四章

隋唐时期的技术技能教育

隋唐是我国古代社会发展的关键时期。唐代的赋税制度从“租庸调制”改革为“两税法”，提高了农民的积极性，农业生产空前发展。农业生产的发展带动了手工业的发展，不论是官营还是私营手工业均出现了兴旺的景象。与此同时，隋唐时期的技术技能教育开始制度化，主要表现为：算学、书学、律学、医学、天文历法等各类官办专门学校得到设立和发展；劝课农桑农业教育制度得到进一步重视和加强；手工业生产领域中的艺徒制、技术家传和行会制度取得了较大发展。此外，在一些时期内进行的工商业制度改革也取得了显著成效，产生了诸多颇具影响的工商业思想。

第一节 隋唐时期的专门学校

隋朝建立大一统国家政权之后，吸取魏晋南北朝专门学校的经验和教训，建立起一套完整的专门学校教育系统。至唐朝时，专门学校教育制度更加完备，又向前迈进了一大步。隋唐时期的专门学校大致可分成两种类型：一是包含于官学体系中的算学、书学和律学等，二是由太医署、太卜署、太乐署、太史监、司天台、太仆寺等官府机构兴办的医学、巫师、音乐、天文、历法、兽医等专门学校。这一时期，专门学校所具备的特征正是现代社会职业教育的特征。

一、算学专门学校

隋朝建立之初，便设置有算学。根据《隋书·百官志》记载，隋朝算学一般有师生八十四人，其中算学博士有两位，助教两位，学生八十人，全部归属国子寺管理。唐朝在算学设置上与隋朝差别不大，仅是把助教改为一人。唐朝算学的生源一般是八品以下官员和庶人家的子弟。还有一点是，唐朝算学在京师长安和东都洛阳都设有教学场所，两个地方都是算学生学习之地。

隋唐算学讲究实用性，主要培养财政管理、土木工程等方面的人才。虽然隋唐算学不进行入学考试，生源由管理机构根据出身选送，但是隋唐算学有极其严格的考试制度，设置有旬试、月试、季试、岁试等，且学制长达七年之久。

除了专门学校之外，隋唐时期还有一种算学的教授方式，钻研经学的大师也兼传授算学、历法等实学知识。

二、书学专门学校

书学专门学校始于西晋，隋朝沿袭设置。《唐六典》记载：“隋置书学博士一人，从九品下，皇朝加置二人。”另外，设置书学助教 2 人，学生定额为 40 人。唐朝时期，书学专门学校始设于贞观元年（公元 627 年），隶属于国子监，设置博士 2 人、助教 1 人、典学 2 人。书学入学者的资格为八品以下子弟及庶人中掌握相关知识技能的，教学内容主要是《说文》《字林》以及其他字书。

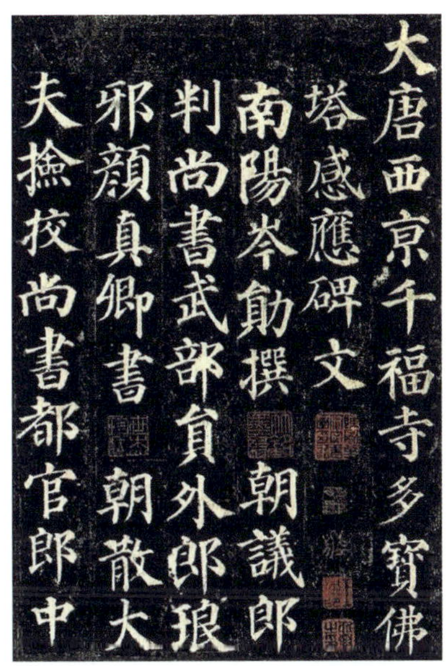

◎ 唐・颜真卿《多宝塔碑》局部

唐代的书学学子是可以做官的，只是需要经过层层严格考试。在学习期间，旬试、月试、年试自不必说，学业完成后，还需参加国子监考试。国子监考试合格后，书学学子可以参加省试。省试再通过，才可以由吏部拣选授官。由此可见，唐代对于合格人才的要求之高、政策之严。

唐代初期，还设立有一所较为特殊的学校。《唐会要》记载，唐太宗李世民喜爱书法，曾下诏：在京五品官员家子弟有愿意学习书法的，可以进弘文馆学习，由书法大家教授。诏令一下，当即有二十多人入学。对比书学专门学校，弘文馆在生源出身上要求更高，教授目的、教师资源也大不相同。弘文馆的这种特殊情况使得其自身很快转变了培养目的。没过多久，弘文馆就成了一所以“经学为主，书法为辅”的学校，不再单纯教授书法。

三、律学专门学校

律学专门学校主要目的是培养具有法律知识的普通文官，对于王朝基层统治具有重要作用。隋唐时期，律学沿袭南北朝旧制，大体上与书学、算学处于同一级别。《隋书》记载，隋初在大理寺设置有从九品律博士八人，明法二十人。同时，隋初地方上也设置有律法教育机构，学生称为律生。

唐朝等级制度教育体系下，律学专门学校的招生对象为八品以下子弟及庶人子弟，由博士及助教讲授律令、格式、法例等内容。律学生同样需要经过考试，才能任职。

虽然律学具有重要作用，但是隋唐时期，律学还是经历过几次兴废。这也表现出了封建时代特权对法治的肆意打压。

四、医学专门学校

隋朝时期，朝廷设立有太医署。根据《隋书·百官志》记载，太医署有主药两人，医师两人，药园师两人，这些都是专门为皇室服务的医官。此外，隋朝还设置有专门从事医学教育的学官。

唐代沿袭隋朝的医学教育制度，只是规模进一步扩大，医学校也划分为中央与地方两级。中央一级的医学校为太医署，内设医科、针科、按摩和咒禁四科，为宫廷和京师培养医学人才。医科主要传授基础医学和应用医学，学习《本草》《针灸甲乙经》《脉经》等医学知识。针科基本课程主要是学习与针灸有关的各种书籍，如《黄帝内经》中的《灵枢经》。按摩科则是按摩生在按摩博士带领下，学习用按摩治疗外感染症、关节病和内伤杂症，以及用正骨法治疗骨折、伤筋、跌打损伤等骨科疾病。咒禁科主要是“掌教咒禁祓除为厉者，斋戒以受焉”。“咒”是僧、道、方士用以驱鬼降妖的口诀，“禁”是他们施行的一种幻术。此科虽然有不少迷信思想，但是为人“驱鬼祛邪”，也常常要掌握并运用医学知识。因此，在隋唐时期，咒禁科也是中央官学的主要内容之一。太医署除上述四科之外，还设有药学部，专门传授药物的栽培、采集、炮制以及使用等方面的知识。

唐代太医署的服务范围很广，它不单单为皇室服务，京师文武百官及普通士兵、工匠，都是其医疗服务对象。

贞观三年（公元 629 年），唐朝各州开始设立医学学校，均设医学博士、助教各一人，学生人数则有数十人不等。

中央和地方医学生源主要有三种：一是具有医学世袭职务药师称号的诸氏；二是三代以上以医学为业的世习之家；三是采录 13 至 16 岁中的聪慧者，一般为五品以上官员的子孙，根据情况，也采录八品以上者子孙。医学生的学习成果检验是非常严格的，分为理论考试和临床实习两部分，其中理论考试又分为月考、季考、岁考，临床实习则作为考试成绩的一部分。如果学生学习满九年，考试成绩没有达到及格水平，则勒令其退学。学生毕业后，依据考试成绩分别授予医师、医正和医工等职位，分别派往全国各州、县任教或医病。

五、天文历法专门学校

隋朝天文历法专门学校隶属于太史监，其前身可以追溯到北魏太史博士的设立。唐代时期，太史监多次更改名称建制，前后曾命名为秘阁局、浑仪监、太史局、司天台等。乾元元年（公元 758 年），改太史监为司天台，设太史令观察天文、稽定历数。隋唐天文历法学校保留着较多的“宦学”性质，教育管理不如医学、算学完善，传授知识也不够系统，比较重视实用性，在教学方法上注重实践观察与验证。这与天文历法事关皇权统治的权威，教授学习范围受到限制有关。

六、太仆寺——兽医专门学校

隋唐兽医专门学校，主要教授学习兽医方面的知识与技能，隶属于太仆寺。根据记载，隋朝在太仆寺中设兽医博士，学生定额为 120 人。唐朝则是在太仆寺设置兽医博士、兽医等职位，学生定额为 100 人。兽医专门学校主要面向庶民子弟招生，报名者经过基础考试，合格者便可进入学校学习。学员毕业后，主要去全国各地马场工作。除了治疗牛马之病，这些学业有成的兽医也要负责养殖场的饲养、管理等工作。其中表现优异者，可以晋升为兽医博士。

七、太卜署——巫师学校

受时代限制，隋唐统治者不可避免地对天道、鬼神、宗教之事多有信奉，于是专门设立与此有关的巫师学校，隶属于太卜署。太卜署的教职人员除博士以外，有助教、卜师、巫师等，学生数量较多，以实践为主要学习方式。

八、太乐署——音乐专门学校

唐代的音乐专门学校隶属于太乐署。太乐署由太乐令、丞以及乐正逐级管理。太乐署规定“凡习乐，立师以教”，由乐师对学员分批次、分程度进行教练，每日都设定学习内容与要求，每年都进行考试，评定优劣，“功多者为上第，功少者为中第，不勤者为下第”。学生毕业后，“业成、行脩谨者，为助教；博士缺，以次补之”。唐代太乐署不但实行分科教学，而且学生数量极为庞大。《新唐书·百官志》记载：“文武二舞郎一百四十人，散乐三百八十二人，仗内散乐一千人，音声人一万二十七人。”

◎ 唐人绘《宫乐图》局部

唐开元二年（公元 714 年），唐玄宗曾于蓬莱宫侧置内教坊，同时还在长安设立了左右教坊，吸收民间乐户，培养乐舞人才。教坊生员一度高达 2 000 余人。唐朝如此大规模的音乐教授、交流、创作情形，让唐朝乐曲成为我国音乐史上的高峰，对后世音乐、戏曲发展有极深影响。

九、京师药园——药学专门学校

京师药园是唐朝时期设立的药学教育机构。药园与医学一样，分医、针、按摩、咒禁四科分科教学，学员通过教学和生产劳动结合的学习方式，掌握各种药材与药物的种植、收采、储存、制造等技术。与医学专门学校相比，药园的官方建制多设置了医工、针工、按摩工、咒禁工等职位。

十、掖庭局——内宫技术学校

隋唐时期，官府设立掖庭局，掌管女工、宫人名册和宫内工役杂役。掖庭局设置有博士职位，除了教习书、算、众艺外，还要负责管理女工、杂役，监督管理他们学习桑蚕织绣等技艺。

作为强盛的王朝，隋唐的技术技能教育达到了我国历史上一个新的高峰。由于国家重视等因素，使隋唐技术技能教育无论在体系、办学层次、办学方式等诸多方面均取得重大成就。与以前各代相比，最显著的标志是技术技能教育论初显端倪，技术技能教育开始具有自觉意识。这一时期的技术技能教育管理、职业教学论、职业道德教育为后代奠定了重要基础。

其中，在专门学校教育理念方面，隋唐时期专门学校的办学理念主要包括两个方面：一是集管理、研究与教学三种功能于一体的综合教育观；二是理论教育与专业技术训练相结合的教育模式。这种办学教育理念在实际中的具体表现可以从以下两个方面得到证明。

一是学校功能多元化。隋唐专门学校将教学与研究相结合，将教学与管理相结合，三种功能集于一体。例如，国子监具有教育功能，以办学为主要任务，同时肩负管理“六学一馆”的任务。太医署作为一个兼具教学功能与医疗功能的机构，既负责医疗事务，又负责管理医疗行政，同时还为国家培养医学人才。

二是理论与实践相结合。隋唐专门学校非常注重理论教学与专业技术实训相结合。理论教学是专门学校的基本教学内容。各个不同专业的专门学校以各专业基础理论知识为主要教授内容，基础理论的学习是专门学生的必修阶段。同时，因为专门学校致力于培养具有专业技术的人才，而所有的技术都是为了解决实际问题服务，所以专业学校注重对学生进行专业技术的实际训练。学生的专业技术只有在实践操作过程中才能得以不断提高，从而走向专业、精通与完善。

在专门学校管理方面，隋唐设立成体系、多层次的专门学校，必然衍生出合理合规的严谨管理制度。事实也是如此，隋唐各专门学校都通过明文规章制度来确保学校可以维持正常秩序，推进教学工作顺利开展。这种成果主要体现在学业管理和日常管理方面。

（一）学业管理

隋唐专门学校的教学管理重视采用先进教学方法，以学生熟读经文与教师精心讲授相结合的教学模式最为常用，强调教师讲学应该依据精准纲要，探究所学内容的精神实质，注重讨论答疑。教学管理对平时考试极为重视，设置有旬考、月考、岁考等考察步骤。平时以旬考为主，一个月三考。年终考即岁考，则在冬天举行，分为笔试与口试，并根据成绩划分等级。

（二）日常管理

隋唐专门学校的日常运作也遵循严格的管理制度。学校为了保证正常的教学秩序，设置了严格的规定措施。例如，学校内严禁学生赌博与酗酒，大声喧哗也不被允许。如果有无理取闹或打架的学生，经教师教诲还不加以改正的，会被勒令退学。连续三年考试成绩皆为下等的学生，学校同样会令其退学。

隋唐专门学校教育发达，除了完善的教育体系外，还有另外一个重要原因，那就是隋唐中央政府将专门学校管理作为地方官员政绩的重要考核内容。因此，各地方官员对当地学校管理及教育状况会予以特别重视。这也促进了当时学校管理制度的完善，推动了技术技能教育的前进。

纵观历史，隋唐专门学校经历一系列的发展与转变，逐渐发展成一种较为成熟与完善的体系，可以称为封建社会学校体制的典型，标志着科技教育在封建官学系统中有了合法地位。这一时期规定的各专门学校的隶属机制、管理制度、学科设置、教学内容等，均为我国后世各代沿用，直至清末才废止。

第二节 隋唐时期手工业的发展

隋唐是我国封建社会经济高速发展的时期。尤其是唐朝建立之后，李渊推行均田制，百业迅速发展起来，百姓生活越来越富足。历经贞观之治、开元盛世，唐朝走向了鼎盛时期。隋唐时期的经济发展也体现在手工业生产的繁荣，手工业规模及技术水平都高于前朝，一方面有赖于当时经济发展迅速，社会劳动力有剩余时间进行手工业生产，另一方面也源于南北方的技术融合与吸收发展。

◎ 唐·周昉（传）《挥扇仕女图》局部

隋唐时期的手工业发展在各个行业中均有体现，前期主要手工业有纺织业、陶瓷业和矿冶业。唐后期，南方手工业大幅进步，特别是丝织业、造船业、造纸业和制茶业。这一时期，手工业作坊有官营的，也有私营的，两者都有大型作坊存在。官营手工业的产品一般不对外销售，只供皇室和官府消费。劳动力来源有工匠、刑徒、官奴婢、官户、杂户等，十分充裕，所以官营手工业制造水平十分高超。私营手工业多由个体作坊生产，供老百姓消费，相对更灵活、更实用。具体来说，隋唐手工业的发展情况，可以通过以下几个方面证明。

一、采矿冶金业

《新唐书·食货志》记载，唐代开采的矿产种类有金、银、铜、铁、锡、铅、矾、水银、朱砂等。这些矿产品主要分布在陕（陕西）、宣（安徽）、润州（江苏镇江）、饶州（江西）、衢州（浙江衢州）等地区，全国各类矿山共有一百七十余所。采矿冶金业的快速发展，为唐朝社会经济的繁荣提供了物质基础。例如，得益于采矿业的兴盛，金属制造业也呈现出一派兴旺发达的景象。这一时期的农用工具、兵器、造船、机械磨面等器物，许多都用到铜、铁等金属。而金属器物的大量使用，又提高了社会生产的效率。

二、金属加工业

唐代的金属加工技术发展迅速，以金属铸造技术成就最大，其中最突出的成就是熔模铸造法，又称失蜡法、出蜡法、捏蜡法。唐代的铸钱业就采用了这种方法。《唐会要》卷八十九记载，开元通宝钱已使用熔模铸造法，这是有关失蜡法的最早文献记载。同时，在当时的生产中，已经开始使用大型鼓风炉。《元和郡县图志》卷十四记载，蔚州飞狐县（河北涞源县）钱监利用水力鼓风机铸钱，每年铸钱 18 000 贯，大大提高了生产效率。

◎ 唐·缠枝葡萄纹高足银杯

1970 年，陕西西安南郊何家村出土了 270 余件盛唐晚期的金银器皿。这批器物制作以鎏金和浇铸为主，还采用了焊接、切削、抛光、铆、镀、刻凿等工艺。特别是在盆、碗、盘等器物上，有明显的切削螺纹痕迹。因其螺纹清晰、同心度较高，起刀、落刀点十分明显，说明当时已使用了简单的切削车床。

三、印刷业

雕版印刷术的诞生是有极其深厚背景的。隋唐时期，经济快速发展，人们对文化的需要更加迫切，对书籍的需求大大增加。当时手抄、人工誊写的方式已无法适应社会的需要，人们急需一种快速有效的方式来完成知识的传播。同时，印刷所需要的物质条件已经逐渐具备，适合于印刷的纸和易溶不晕的烟臬墨都已产生。于是，由盖印和拓石两种方法相结合发展而来的雕版印刷便登上历史舞台。

雕版印刷从它诞生起就与人们的生产、生活结下不解之缘。大约在公元 762 年以后，长安城的商业中心东市就已经开始出售印制的字帖、医书。据考证，此时还出现了统一印制的带有红格的印纸。这种印纸可以作为商人交易纳税时的记账凭证。

四、造纸业

唐代是我国封建社会经济、文化发展的顶峰时期。这一时期，纸制品不仅用于书写，还广泛用于民间日常生活，如制作纸衣、纸帽、纸被、纸帐、纸甲、纸伞、纸扇以及纸质明器等。纸张需求量的急剧增加，促进了造纸技术的传播与提高。在此种情况下，唐代的造纸业已经成为一种较为普通的手工业，造纸技术广为传播，遍及全国各地。《唐六典》记载：益州有大小黄、白麻纸，均州有模纸，蒲州产细薄白纸，杭婺、衢、越等州有上细黄、白纸。纸张品种之多，数不胜数。

最重要的是，这一时期，我国的造纸技术远传日本、阿拉伯、南亚、东南亚、西亚各地。造纸技术的传播，为人类社会的文化进步和文明建设做出了伟大的贡献。

五、造船业

唐朝中央政府在很多地方设有专门制造船舶的工场。据记载，贞观年间，官府曾命阎立德“即洪州造浮海大船五百艘”。贞观十八年（公元 644 年），命“将作大匠阎立德等，诣洪、饶、江三州，造船四百艘”。安史之乱后，刘晏为诸道盐铁转运使，计划建立造船工场，“乃置十场于扬子县，专知官十人，竞自营办”，每船可载一千石。由此可以看出，官营的造船坊拥有强大制作能力。

这一时期，无论是战船，还是皇家使用的龙舟都建造得很有特点，均属前所未有。据《资治通鉴》记载，隋朝大臣杨素在永安督造的战舰，船身高 17 米以上，上层建有 5 层楼，可容纳 800 余名战士。战舰的前后、左右装有 6 枝拍杆，用于袭击敌船、击打敌人。

六、陶瓷业

唐代陶瓷业在隋代青白瓷成熟的基础上进一步发展，呈现出“南青北白”的局面。同时，官窑还烧制出成熟的黑、黄、花瓷。其中，最引人注目的是创烧出中外闻名的唐三彩和釉下彩。清代蓝浦所著《景德镇陶录》（1891 年重刻本）上说，“陶至唐而盛，始有窑名”。一些制瓷中心逐渐形成名窑，如越窑青瓷（秘色瓷）、邢窑白瓷、长沙铜官窑釉下彩绘等。官窑更多是进贡皇室，采取的形式是“官监民烧”，烧出的瓷器，“千中选十、百中选一”，不敢有丝毫怠慢。唐代一般在产瓷区设有司务，如唐景隆初（公元 707—709 年），任命褚绥为新平（景德镇）司务，奉诏监烧献陵祭器。

◎ 唐五代越窑葵口圈足碗

七、纺织业

唐代纺织主要以丝麻为原料，官营、民间纺织业都很发达。唐代京师官府手工业的生产单位是“作”，仅织染署就有二十五作。其中，织纴之作有十（布、绢、絁、纱、绫、罗、锦、绮、繝、褐）；组绶之作有五（组、绶、绦、绳、缨）；紬线之作有四（紬、线、弦、网）；练染之作有六（青、绛、黄、白、皂、紫）。这包括了纺织品生产的各个方面，甚至具体到了各方面中的每个环节。

◎ 唐 · 张萱《捣练图》局部

就当时的纺织情况来说，宋州（河南商丘）、亳州（安徽亳县）生产的绢帛质量最好。而定州的绫绢产量最多，每年都要向皇帝进贡 1 500 余匹。这一时期，江南的丝纺织也有了很大发展。江南东道（江苏南部和浙江一带）的丝织物品类繁多，很多被列为贡品，在产量上也仅次于河南道、河北道，跃居全国第三位。

◎ 唐 · 张萱《捣练图》局部

此外，当时的麻纺织也很发达，黄州（湖北黄冈）的赀布被列为第一等。棉纺织也有了较显著的发展，当时西北的吐鲁番和南方的云南、两广、福建等地，各族已愈来愈普遍种植棉花和生产棉布。

八、制茶业

隋朝时，因农业生产技术的进步及南北水路大运河的开凿，饮茶之风进一步扩大，茶产业也随着时代的前进有了进一步发展。至此，这些良好的历史条件为我国饮茶之风由南向北风靡创造了条件，也为唐代茶产业的发展夯实了基础。

初唐时期，饮茶之风尚只流行于王公贵族、文人僧尼之间。盛唐时期，社会经济的繁荣为饮茶之风普及到民间奠定了重要基础，也为后期茶产业的兴盛创造了条件。唐代茶叶的产量很大，在数量和品种上超过了以往任何一个朝代。茶叶的产地分布也十分广泛，主要分布在山南、淮南、浙东、浙西、剑南、江南、岭南、黔中八大茶区。由于这些地区有着茶树生长所需的自然条件，因而成为茶叶的主要生产、加工中心，同时也是茶叶的贸易中心。在唐代的茶叶生产中，因生产资料属性和劳动方式的不同，茶园大致可分为官属茶园、私人地主茶园、寺院茶园和自给自足的小农茶园四种，不同渠道所生产和销售的茶叶品质有所不同，规模产量也有所不同。

制茶业的发达、饮茶之风的盛行，让茶在唐朝时期被赋予了哲学意义。唐朝统治者及文人雅士一致赏识茶性高洁清雅，赞茶为“瑞草魁”“琼蕊浆”，认为喝茶有助于修身养性、陶冶情操、增添乐趣，甚至羽化成仙。中唐以前，茶文化的解渴、提神等物质属性大于理论化、艺术化的文化属性。中唐以后，茶文化迅速普及传播，形成了一系列物质文明与精神文明高度结合的社会文化符号。例如，唐代王公贵族茶文化是威严与地位，文人茶文化是高雅享受、精神寄托及友谊的象征，宗教茶文化是精神寄托及信仰，平民茶文化是基于茶的饮用和药用的饮茶风俗文化。

在唐代农村自然经济结构中，农业生产是男耕女织自给自足性生产，是一种使用价值的生产。但因为茶饮用习俗的普及，使得国内销售量不断增长，市场活跃，而且远销边疆和海外，茶成了商品化生产的典型，这在我国各代手工业中都是不多见的情形。

总结来看，隋唐时期的中国是先进的、文明的、繁荣的、强大的，它在世界特别是亚洲历史发展中有着特殊地位，起着巨大的作用。隋唐时期的手工业发展，在我国封建社会历史上是特殊的、辉煌的，是值得骄傲自豪的，也是应当予以重视并深入了解的。

第三节 唐代的艺徒制

隋唐时期，官营手工业作坊中早已形成了比较完备的艺徒制度。而在私人作坊和家庭手工业中，家传世学依旧是传授手工业技术的主要形式。

这一时期，官府手工业规模极为庞大，主要从事皇室和官员的用具、服饰、器物以及军队装备生产和城防建造等事业。因此，为保证质量，按时按点完成任务，隋唐中央政府对百工的劳作设置了专门的管理机构和执掌官吏。根据史籍记载，唐朝中央政府管理手工业的主要机构有三个系统——工部、少府监、将作监，三者下面再设各分支机关管辖手工作坊及工匠生产等事务。唐代官府手工业所用工匠数量很大，通常由各州县征选而来。据《唐六典》记载："少府监匠一万九千八百五十人，将作监一万五千人，散出诸州，皆取材力强壮，技能工巧者，不得隐巧补拙，避重就轻。"如此庞大的工匠数量还不是唐朝官府手工业中工匠的总数，既未包括京都诸司所用工匠，也未包括各州道手工作坊的工匠。

一般来说，官府手工业中的工匠大致可分为两种：一种是无偿劳动的工匠，称为"番匠"，指的是民间小作坊的匠户被轮番征调到官府手工业中服劳役；另一种是官府出资雇用的工匠。《旧唐书·玄宗纪》中曾记载"和雇京师丁户一万三千人"。其中"和雇匠"就是官府手工业和营造工程中雇用的工匠和夫役。

在技艺传承方面，《唐六典》卷七"尚书工部"记载："工巧业作之子弟，一入工匠后，不得别入诸色。"说明唐代手工业者必须世袭其业，不得迁业。匠户由官府控制，便于两监选拔工匠。在少府监和将作监掌管下的作坊工匠，要根据不同工种进行不同时间的技术学习和训练。据《新唐书·百官志》记载：“细镂之工，教以四年；车路乐器之工，三年；平漫刀矟之工，二年；矢镞竹漆屈柳之工，半焉；冠冕弁帻之工，九月。教作者传家技，四季以令丞试之，岁终以监试之，皆物勒工名。”这种学习和训练制度，对于提高生产技术和保证产品质量都起到很大作用。

◎ 唐·张萱《捣练图》局部

经过匠户“传家技”技术学习和月试、季试考核，选入两监各署的工匠都是技术高超熟练的工人。其中技艺精熟的称为“巧儿”，如金银巧儿、绫锦巧儿、内作巧儿等，他们可以在生产过程中经过师承训练不断提高技术。艺徒传承中的师傅由官营作坊中的工师担任。这些工师为艺徒提供“立样”和“程准”，供艺徒学习模仿制作。一旦艺徒掌握了“程准”，也可以成为艺徒训练的教官。

需要注意的是，官府常常征用全国的工艺名师来训练艺徒，并指令他们传授家传绝技，要求民间技术不能对官府保密，此即所谓“教作者传家技”。这种传习方式有助于突破家传技艺的封闭性和保守性，在当时是一种比较先进的艺徒培训形式。但是，在实际操作中，师傅传授给徒弟的多是一般的技术，那些技术诀窍却不轻易外传，即所谓“授人以规矩，而不授人以技巧”。技术诀窍保密，通常只传授给自家或家族的人，这导致的结果是一些技艺的失传。因此，为了确保征集来的名工巧匠认真传授家技，官府相关部门对此有严格的考核与监督，甚至会处分不真正履行义务者。

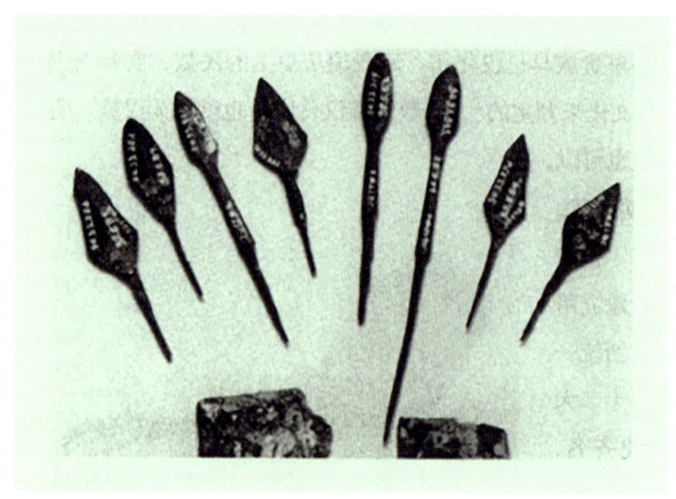

◎ 唐代箭镞

综合分析这一时期的官府工匠培养教育情况，在制度和管理方面，较魏晋南北朝有了极大进步，具体表现在以下几个方面。

一、针对专业的难易安排不同的学时

“凡教诸杂作，计其功之众寡与其难易而均平之，功多而难者限四年、三年成，其次二年，最少四十日，作为等差，而均其劳逸焉。”

这表明，隋唐官府在培训工匠时，是根据专业的难易程度来安排具体培训时间的，有长有短，很灵活，也很实际。这种根据“功”之多寡来安排学时的做法，也更加科学合理。

二、针对不同的需求开设不同专业的技艺培训

“细镂之工”主要负责金银首饰、珠玉宝石等工艺品的制作；“车路乐器之工”则制造车辆、乐器等；“平漫刀稍之工”主要制作平准器具、兵器等；“矢镞竹漆屈柳之工”则制作箭、漆器、柳竹制品等；“冠冕弁帻之工”主要负责制作衣冠帷幔之

类。这里可以看出，随着隋唐手工业分工的细化，技艺培训也开始细化。

三、艺徒培训和技艺家传的结合

唐官府为了保证官方工匠的技能，一方面要求“教作者”传其家技，这里的“教作者”指的是家业世传的能匠；另一方面通过“物勒工名”制度来考核、监督这种技艺的传授成效，以使“教作者”毫无保留，“受教者”认真学习。此外，官府还常常精心挑选技艺高手来充当“教作者”。例如，熙宁年间，军器监诏“弓匠李文应，箭匠王成伎皆精巧，诏补三司守阙军将，以教工匠”。官府通过挑选技艺精巧之“教作者”“传家技”来完成艺徒的培训，有利于受教工匠学习、掌握高超技艺。

四、对工匠技艺的教授已经有相应教材

在这一时期的工匠培训中，有一个非常有特色的进步，就是官方开始组织编纂系列技艺教材。唐代首次实行了国家颁定统一专业教材的办法，这是与职业专门学校的建立与发展相适应的。当时，医学、算学等教材都是朝廷通过诏令来选用和编审的。唐代的专业教材以《算经十书》最为著名，还有《新修本草》《黄帝内经》《甲乙经》《步天歌》《司牧安骥集》等，都被选为各科教材。这些专业教材荟萃了当时最新的科技成果，因为教材的编写者常常都是一流的科学家，往往边研究边编撰。例如，《新修本草》就是经过药物学家的集体研究，并在广泛吸取以往本草药书的基础上，新增加了百余种药物，是一部影响深远的药物典籍。

第四节 唐代民间技艺传授和社会发展思想

隋唐时期，除了规模宏大的官营手工业作坊外，民间的私营手工业同样非常发达。这主要有两种表现形式，一是具有一定生产规模的私营作坊遍布全国，二是家庭手工业生产蓬勃发展。这两种方式的手工业生产因组织、生产模式的不同，其手工业技术的传播过程也略有差异。

在了解隋唐时期私营手工业中的工匠培训和技术传承情况之前，必须先了解一下这一时期出现的工商业组织——“行会”。

唐朝时期，社会相对稳定，私营作坊有机会不断交流沟通，形成了大量“行会”这样的工商业组织。行会内部设有行头，存在行东、行会师傅、帮工、学徒等不同身份，内部保持着尊卑长幼的师徒关系。此种情况下的技术传授方式大体上是各作坊主雇用一些帮工或学徒，以直接参与劳动的方式，令其学习和提高技艺，熟悉生产工序，掌握生产技术，直到成为熟练的生产者。这种作坊内师徒间的技艺传授类似于家庭教育，徒弟对师傅唯命是从，十分恭敬，生活上也要侍奉师傅及其家人。在这种教育形式下，师傅往往技不外传，会保留一些特殊的高超技艺而不传授给徒弟，影响手工技艺的传承发展。

除了行会之外，隋唐时期的家庭手工业生产非常盛行，手工业者通常凭借自家独门绝技立家立业。唐代手工业发达的地区，已经出现了专门的手工业户。例如，江淮以南的不少地方出现了一批制茶户；沿海、山西、四川等地出现了从事制盐的盐户、井户。另外，酿酒户、制糖户、染户等专业的家庭手工业也不断涌现。独有的生产技术成为保证家庭手工业在市场竞争中得以生存的决定性因素。《唐六典》记载："工商皆为家专其业以求利者。""家专其业"成为隋唐时期私人手工业技术传授的基本原则。家传技术只能在父子、兄弟之间传授。有时，为了防止外泄，连女儿也不许熟知。如果女儿学习了家传的绝技，便不允许出嫁。元稹的《织妇词》中"东家头白双女儿，为解挑纹嫁不得"，说的就是这种情形。这是唐朝各种工匠户共同遵守的一条不成文条例。

隋唐时期，手工业发达，技艺家传的例子比比皆是，甚至某些官员家也有世传工艺。据《旧唐书》卷七十七"阎立德传"记载，阎立德是隋朝殿内少监阎昆之子，"昆初以工艺知名，立德与弟立本早传家业"。由于家传得法，阎立德早年就以技巧出名，后来在征战和城邦建设中立下大功，官至工部尚书，其弟立本，"显庆中累迁将作大匠，后代立德为工部尚书"。民间手工业技术家传的现象则更为普遍。只是，这种家传技艺、秘不外传的传承制度，保证了个体手工业者竞争优势的同时，在一定程度上限制了技术交流和技术创新。

综合上述分析，随着手工业的发展，唐代民间技艺传授形成了"行会"师徒制和"技艺家传"两种主要形式。

唐代经济的繁荣和活跃，必然会在社会思想领域有所反映。因此，这一时期，基于唐代社会发展现状形成了三种不同以往的社会发展思想。

一、陆羽"净静虚明"的茶学思想

唐朝是我国茶文化重要的形成时期。这一时期，陆羽写出了我国乃至世界上第一部茶学专著——《茶经》。《茶经》的问世标志着我国茶文化进入了一个新阶段。《茶经》内容十分丰富，从"一之源""二之具""三之造""四之器""五之煮""六之饮""七之事""八之出""九之略"直至"十之图"，自然有序，详尽有趣，既有茶的种植加工技术，也有茶的烹饮技艺和文化典故等，基本呈现出了"茶学"的雏形。从技术技能教育的意义上说，《茶经》更是一部关于茶业的职业教科书。

道家讲无为，儒家言修身，佛家倡参禅，陆羽集唐代和唐代以前有关茶叶的科学知识与实践经验之大成，同时又把儒家思想、佛家理论、道家学说合三为一，形成了“净静虚明”的审美思想。这种思想贯穿于《茶经》这部有关茶学的百科全书之中，随处可见。陆羽本人淡泊功名利禄，潜心撰写《茶经》的行为恰恰契合了自己的观点，也是自己观点的亲身实践。他在《六羡歌》中表明心志：“不羡黄金罍，不羡白玉杯；不羡朝入省，不羡暮入台；千羡万羡西江水，曾向竟陵城下来。”身处繁华盛世而不随波逐流，陆羽以茶荡昏寐的境界融入大自然中，沐日月云霞之光华、汲山川草木之灵性，从而获得精神上的畅达舒泰，达到一种人与自然及社会相和的哲学境界。这种融于自然、“净静虚明”的茶学思想对当时及后世士子有极强的吸引力。

◎ 元·赵原《陆羽烹茶图》局部

二、刘秩“平轻重而权本末”的均衡发展思想

《旧唐书·食货志》记载有刘秩关于货币铸造和其对农工商业影响的论述，并阐述了其“平轻重而权本末”思想。

刘秩首先论述了国家统一发行铸币的重要性，其次论述了私铸的“五不可”，最后论述了国家统一铸币之利。“夫钱之兴，其来尚矣。将以平轻重而权本末。”“平轻重”在于稳定币值和物价，使之不上下剧烈波动。唐代以前，管子、贾谊、桑弘羊等都提出过这个问题，他们都是“抑末”论者，但是刘秩不是“抑末”论者，而是主张“权本末”，意思是平衡农业与工商业间的关系。此外，在商品贸易发达的时代，刘秩认为，“伤农”和“伤贾”的情形，是由“纵民私铸，恶钱泛滥”造成的。如果铸币权收归中央，“善为国者”就可以制定货币政策，使币值和物价保持稳定，收到“本末俱利”之功效。

刘秩在反对许民私铸、主张统一铸币的问题上，以稳定物价和繁荣农、工、商业为出发点，而不是着眼于“抑商”，为商品流通和市场扩大创造了有利条件，是重视发展商业的体现。

三、韩愈“官盐商销，两得利便”的商业思想

韩愈是我国唐代杰出的文学家、思想家、哲学家、政治家。他做过几任地方官，对社会民情比较了解，在《原道》《钱重物轻状》《论变盐法事宜状》等文章中，阐述了他的农、工、商并重的观点以及反对官商与民商争利等思想。

在《论变盐法事宜状》中，韩愈反对实行“官自鬻盐，可以富国强兵，劝农积货”的食盐官营体制，主张实行商销体制。他认为：商销、商运便民，保收盐利；官销、官运耗费增多，失大于得；不应对盐商“既夺其业，又禁不得求觅职事”。韩愈在奏疏中说：“臣今通计，所在百姓，贫多富少，除城郭外……无物不取，或从赊贷升斗，约以时熟填还。用此取济，两得利便。”他说食盐商销商运可以到达穷乡僻壤之处，意味着食盐的商人销售模式具有扩大市场的作用，这在经济发展和增加税收上都是很重要的。韩愈主张食盐由商人销售的立场，主要是从便利平民生活的角度出发的。

应当指出的是，以韩愈为代表的封建士大夫重视工商业思想，主要目的在于维护封建统治，增加封建政权的财政收入，改变官府与民商争利的政策，使民间商业得以发挥其积极作用。封建社会的工商业者仍属社会底层，遭受封建政治和经济体制的双重压制，没有独立自主发展的条件，能够得到相对开明的士大夫的理解和关注当属难能可贵。

◎ 胡商遇盗图（敦煌壁画）

第五章
宋代的技术技能教育

“重农抑商”是我国古代王朝常用的基本国策，但是宋朝“重农”，并不“抑商”。这种政策导向促使宋朝经济迅猛发展，各行各业都取得极大进步。例如，这一时期的瓷器、缂丝、火药武器、雕版印刷等行业达到我国封建经济发展的高峰，成就辉煌。与此相对应，宋代也成为我国古代技术技能教育的顶峰时期。不论是办学规模，还是教材规范，都比前代有了更进一步发展，也是后世技术技能教育的标杆。

第一节 宋代的专门学校

宋代政权体制大体上延承唐制，但在专门学校上，有很大不同。各专门学校的管辖进行了重新划分：律学、武学隶属于国子监，书学隶属于书艺局，算学隶属于太史局，医学隶属于太医局。其中，武学是宋代新设专门学校。

一、律学

宋朝刚建立时，沿袭唐代规则，设置有律学博士一职，掌授法律。宋朝还是十分重视培养有法律知识和执法能力的人才的，明确规定：凡是朝廷颁布的条令，刑部必须立即组织相关人员学习；且每个月要组织公开考试一次，不合格者，需要继续学习；学成以后，还要经过科举考试，才能进入仕途。律学是南宋梁武帝时期所创立的，直到宋朝灭亡律学依然存在，中间有几次废立，断断续续存在了七百余年。

二、武学

武学是我国古代培养军事人才的高等专门学校，最早是在宋仁宗庆历二年创立的，但没过多久就被废除了。宋朝的一大特点就是重文轻武，导致军事实力不强。在宋神宗时期，王安石针对这种现象，提出培养人才应该全面发展、文武并重，不能偏颇。因此，在王安石的主张下，武学——这一专门培养军事人才的机构成立了，由兵部尚书掌管。宋代武学选择那些懂得兵事兵法的人任教，学生限额 100 人。武学的入学资格也比较宽泛，官宦子弟及庶民均可入学。教学内容更是门类很多，如各家兵法、骑马射箭、排兵布阵等都要学习。另外，分析历朝历代用兵成败的经验以及忠君爱国等思想教育也是武学的主要教学内容。武学的学习期限一般是三年，通过毕业考核的，才会授予官职。

应当指出的是宋代武学并非一直存在，曾多次废立，发展呈现出“三起三落”、艰难曲折的特点。其中，外部环境自然是一个重要的影响因素，但内部的掣肘才是武学自始至终发展艰难的根本原因。议和是当时宋朝的基本国策，加之宋代武官地位不高，武职的吸引力很低，“今诸将子弟皆耻习弓马”，这些都限制了武学的发展。不得不说，武学衰弱是宋代的一大悲哀。

三、书学

崇宁三年（公元 1104 年），宋天子设立书学，学习内容为篆书、隶书、草书三种字体，学生名额足有 500 人。根据史书记载，宋朝书法的评价标准为：“以方圆肥瘦适中，锋藏画劲，气清韵古，老而不俗为上。方而有圆笔，圆而有方意，瘦而不枯，肥而不浊，各得一体者为中。方而不能圆，肥而不能瘦，模仿古人笔画不得其意，而均齐可观为下。”由此可见，当时书法已发展至极高水平。

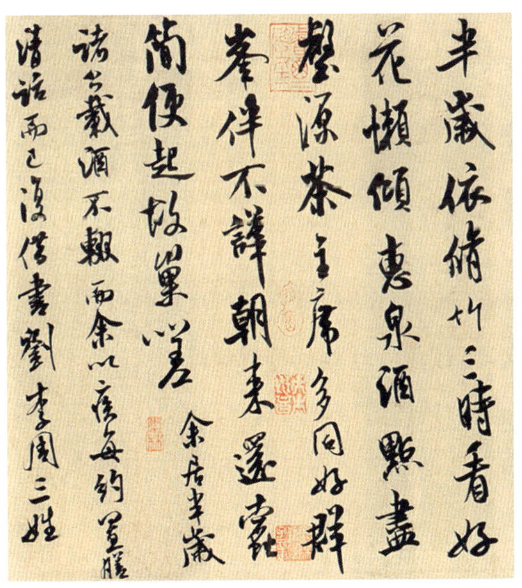

◎ 北宋 · 米芾《苕溪诗卷》局部

四、画学

宋代的画学与书学同时设立，都是在宋徽宗崇宁三年。画学分为六科：佛道、人物、山水、鸟兽、花竹和屋木。学生在学习绘画技艺的同时，兼学《说文》《尔雅》《方言》《释名》等内容。由于宋徽宗的喜好，画学在培养学生方面要求极严，对绘画意境、采用技法、所画内容等方面都提出严格规定。自然，达到标准的学生通常会受到朝廷的重用。

◎ 宋·刘松年《斗茶图》局部

五、算学

崇宁三年设立的专门学院还有算学，划归太史局管理。算学的生源分为命官和庶人两种，学生人数为 210 人，比唐代的规模更加庞大。单从入学资格上来讲，收录庶人即平民百姓入学，这是宋代算学的一大进步。算学的教授内容主要是天文、历算、三式和算法，共计四科。算学在宋朝得到一定程度的发展。

六、医学

宋朝的医学专门学校在办学规模和课程设置等方面也均超过隋唐。庆历四年

（公元 1044 年），参知政事范仲淹上奏，提出设立医学专门学校，划分医学门类，招收愿意学习医术的生徒研习。三年之后，生徒若是成绩优异，会由官府安排去处。

宋神宗熙宁九年（公元 1076 年），朝廷正式设立太医局，上述医学专门学校改设其下。太医局设提举判局官及教授，可招收的学生定额为 300 人，分为方脉、针、疡三科。医学教育不仅要求学生精通古代著名医经，而且注重在实践中培养行医能力，并为此制定了一套行之有效的制度。据《宋史》记载，太医局学生在学习期间要负责律学、武学等专门学校学生及诸营将士的健康；在年终考试的时候，平时的这些实践诊断与治疗，会成为考试成绩的重要参考；同时，太医局还有对医学生医德的要求。《宋史·职官四》记载，医学生前往诸近卫营为将士治病时，不得索取钱物，“受兵校钱物者，论如监临强乞取法”。

第二节 宋代手工业的发展

宋朝建立以后，五代十国的分裂割据局面消失，社会逐步走向安定，经济开始得到发展。

在农业方面，土地私有制开始迅速发展，官府允许土地买卖。原先的庄园经济崩溃，地主经济成为主流，租佃关系成为主要的生产关系。佃户的人身依附关系相比之前的类农奴有了极大改善，生产积极性有了极大提高。再加上政府鼓励农民开垦荒田，重视兴修水利，宋代的农业生产达到了全新的高度，为手工业的发展提供了坚实的物质基础。

在商业方面，坊市制度瓦解。在唐及以前，官府会在特定区域划定经商范围，居民生活区与商业区是两个相互隔离的空间，不允许相互杂居。到了宋代，这种限制难以适应社会的发展，开始逐渐解体。宋代官府不再对坊和市做严格区分，商业开始向城外和居民区扩展。这种趋势不但使商业得到快速发展，也极大地方便了人们的生活。

商业方面另一个主要变化是国家对工商业发展限制的解除。自秦汉以来，“士农工商”被历朝历代认定为划分阶层的金科玉律，商业被当作“末业”，商人处于社会底层，备受歧视。到了宋代，商品交易扩大，“重农抑商”的思想受到冲击，商人的地位有了很大转变。宋代给商人确定了户籍，取消了商人子弟不能当官的规定，明确立法禁止勒索商人等。这些措施都使得宋代商业活动规范化、制度化，社会更加丰富。

宋代经济发展还有一个原因是官方手工业的比例不断下降。同样得益于商品交流的发展，官府可以在市场上买到自己所需要的物品，不需要维持庞大的官方手工业。而官府的采购反过来又促进了民间手工业的发展。

综上所述，宋代手工业因农业生产的进步而拥有了物质基础，因官府的支持而发挥了现实优势，整体手工业都呈现出勃勃生机，超越了前代，甚至后世王朝也难以匹敌。具体来说，宋代手工业的发展主要体现在纺织业、制瓷业、造纸业与印刷业等方面。

◎ 宋代解州盐池

一、纺织业

在继承隋唐五代的基础上，宋代纺织业有了新的发展，生产技术更多地使用机械，生产规模也更加庞大。

宋代纺织业以丝织业最为发达。这一时期，脚踏纺车取代手摇纺车，成为缫丝的主要工具，生产效率得到极大提升。此外，在宋徽宗的大力倡导下，宋代还诞生了我国第一所刺绣类专业学院——文绣院。受此影响，首都开封地区，不断吸取江浙、四川、湖广等地的刺绣技术，形成了具有自己特点的“汴绣”，一时风头无两。

到了南宋时期，江浙地区的丝织产品不论数量还是质量，都居首位。

◎ 宋·缂丝文石锦鸡轴

另外，北宋以后，在两广、福建及江浙地区棉花种植的基础上，棉纺织业蓬勃发展。至南宋时，棉纺织品已经在众多纺织品中占有一席之地。棉纺织业发展的一个重要原因是丝绸价格昂贵，不是普通人能消费得起的，且宋朝有大量丝织品出口海外。因此，有宋一朝，棉花种植与棉纺技术从海南向北迅速传播。棉纺织工具也不断改善，棉纺织品越来越精致，花纹、样式变化繁多。

二、制瓷业

我国瓷器举世闻名。魏晋时期，瓷业初起；隋唐时期，瓷业勃兴；至宋朝，各地瓷艺荟萃，相互竞争，精彩纷呈。到宋代，瓷器生产作坊遍布大江南北，形成了众多窑口窑系。其中，“汝、钧、官、定、哥”五大名瓷代表了宋代制瓷技术的最高水平。各窑具有独特工艺，制作出的瓷器胎坚质细，造型秀丽，广受欢迎。

宋代瓷器不仅在国内流通使用，还远销海外。制瓷技术也随着贸易往来，流传到世界各地，加强了各国人民的友好往来。在某些国家，甚至把拥有中国瓷器作为财富的代表、身份的象征。还有一些地区，需要根据我国瓷器的生产年代来确定他们国家考古发掘的确切历史年代。

宋代制瓷业的辉煌成就，绝对值得称赞，其不仅为后世制瓷业再造高峰指引了道路，更促进了人类文明和科学技术的发展。

◎ 北宋定窑 · 白瓷婴儿枕

三、造纸业与印刷业

由于宋代社会生活对纸张的大量需求，推动了造纸业生产规模的扩大和技术的提高。纸张不仅能够用作书写材料，而且可用来印造纸币，制作纸衣、纸帐、纸被、纸甲等。造纸的原料也不再以麻为主，藤、楮、竹、稻草、麦秸都被用于造纸，扩大了造纸原料的来源，形成了歙州、四川、两浙等著名的产纸区，涌现出各具风格的著名纸品。其中，两浙地区率先研制成功以竹茎为原料的造纸新工艺，标志着造纸史上新纪元的到来。陈槱（yǒu）《负暄野录》卷下《论纸品》记载："吴人取越竹，以梅天水淋，晾令稍干，反复捶之，使浮茸去尽，筋骨莹澈，是谓春膏，其色如蜡。"竹纸因其最先产于吴越之地，故又称"吴笺"。竹纸光亮坚韧，写诗作画尤佳，为当时士大夫所推崇。

宋代文化教育事业的空前发展，带动了雕版印刷业的繁荣。汴京、成都、福建、两浙等地都是当时经济文化发展水平较高的地区，又借助于当地发达的造纸业等物质基础，成为闻名全国的印刷业中心。宋代官府主持雕印的书籍称官刻本，民间所刻称坊刻本。两宋的国子监不仅是全国最高的教育机构，而且是主持官刻本书籍雕印的机构。国子监主持雕刻印刷的书籍，刻工高超、装潢精美、纸墨俱佳，号称"天下第一"。

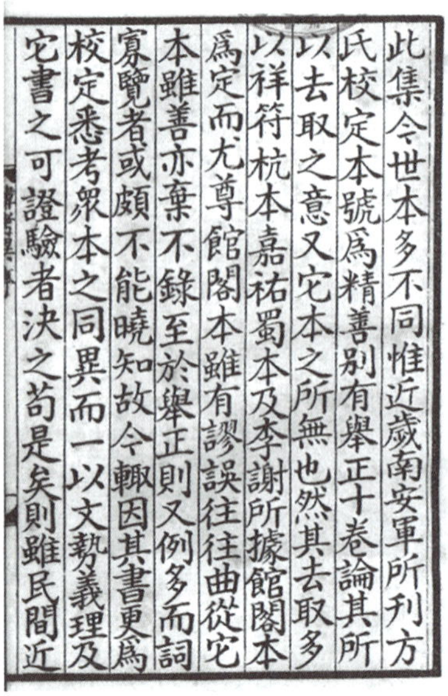
此集今世本多不同惟近歲南安軍所刊方
氏校定本號爲精善別有舉正十卷論其所
以去取之意又它本之所無也然其去取多
以祥符杭本嘉祐蜀本及李謝所據館閣本
爲定而尤尊館閣本雖有謬誤往往曲從它
本雖善亦棄不錄至於舉正則又例多而詞
寡覽者或頗不能曉知故今輒因其書更爲
校定悉考衆本之同異而一以文勢義理及
它書之可證驗者決之苟是矣則雖民間近

◎ 宋刻本《晦庵朱侍讲先生韩文考异》

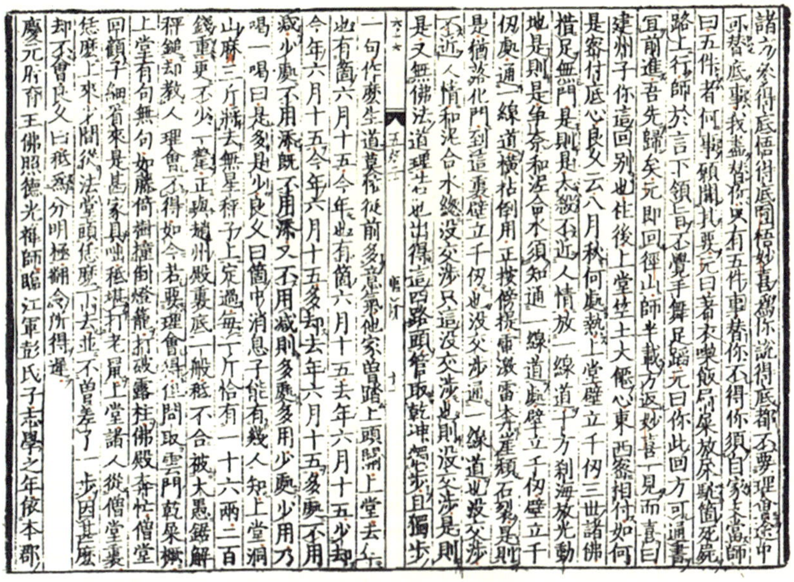
諸方參得底悟得底同悟妙喜爲你說得底都不要理會途中
可替底事我盡替你只有五件事替你不得你須自家支當師
曰五件者何事願聞其要元曰著衣喫飯屙屎放尿馱箇死屍
路上行師於言下領旨不覺手舞足蹈元曰你此回方可通書
宜前進吾先歸矣元即回徑山師半載方返妙喜一見而喜曰
建州子你這回別也住後上堂竺土大仙心東西密相付如何
是密付底心良久云八月秋何處熱上堂壁立千仞三世諸佛
措足無門是則是太殺不近人情放一線道十方剎海放光動
地是則是平帖和泥合水須知通一線道處壁立千仞壁立千
仞處通一線道橫拈倒用正按傍提雷激雷奔崖頹石裂是則
是循路化門到這裏壁立千仞也沒交涉通一線道也沒交涉
不近人情和泥合水總沒交涉只這沒交涉也則沒交涉是則
是又無佛法道理古也出得這兩路頭管取乾坤獨步且獨步
一句作麼生道莫怪從前多意氣他家曾踏上頭關上堂去年
也有箇六月十五今年也有箇六月十五去年六月十五少却
今年六月十五今年六月十五多却去年六月十五多處不用
減少處不用添既不用添又不用減則多處多用少處少用乃
喝一喝曰是多是少良久曰箇中消息子能有幾人知上堂洞
山麻三斤挑去無星秤子上定過每一斤恰有一十六兩二百
錢重更不少一毫正與趙州殿裏底一般秪不合被大愚鋸解
秤鎚却教人理會不得如今若要理會得但問取雲門乾屎橛
上堂有句無句如藤倚樹撞倒燈籠打破露柱佛殿奔忙僧堂
回顧子細看來是甚家具咄秪堪打老鼠上堂諸人從僧堂裏
恁麼上來才聞從法堂頭恁麼下去並不曾差了一步因甚麼
却不會良久曰秖爲分明極翻令所得遲
慶元府育王佛照德光禪師臨江軍彭氏子志學之年依本郡

◎ 宋刻本《五灯会元》

宋代造纸业与印刷业发达的另一表现是书籍种类繁多。经史子集不必说，就是通俗类的小说、民间故事等消遣类的书籍也是应有尽有。除了宋代本朝的书籍，前代人的著作也大多重新刻印，现在能够看到的众多古籍大多是宋代整理印刷的。宋代出书种类之广、数量之大，远超前代。

第三节 宋代的技术教育

宋代技术教育是与社会发展息息相关的，宽松的社会政策形成了中央—地方—民间“三位一体”的教育方式，三者相互补充、相互配合，共同塑造了宋代技术教育的良好格局。

在农业技术教育方面，宋代皇帝基本遵循了以农为本的原则，大多对农业格外重视，亲自率领官员劝课农桑。受此影响，宋代发展出了劝农文与农师制等创造性做法和制度。

一方面是设置劝农使与颁布劝农文。劝农使一职沿袭唐代。在宋真宗时期，官府把劝农使改为地方官员，主要负责调查各地田亩数量、水利设施状况、农桑种植情况，并督促各地兴利除弊，推动农业生产。但到宋末时，劝农使一职已经形同虚设，基本上不再有劝课农桑的作用。

劝农文是宋代鼓励、指导农业生产的重要形式。在宋之前，有劝农诗出现，但是这种诗歌形式不接地气，起到的作用有限。宋代的劝农文篇幅短小、文字简练，非常适合到处张贴。且宋代劝农文多是针对本地农业生产情况创作，具有很强的针对性和实用性。例如，儒学大家朱熹就曾写过《劝农文》：“禾苗既长，秆草亦生，须是放干田水，仔细辨认，逐一拔出……”文中对浸种、播种、育秧、耙草、下肥、田间管理等各个环节介绍得颇为详细。

另一方面是实施农师制。农师制是更加具体的督促农业生产的制度，农师多由懂得农业生产的人员担任。在农忙之前，农师带领当地吏员挨家挨户检查农业生产的准备情况，包括耕牛、种子、劳力是否短缺，等等。对于那些有困难的或者因为懒惰耽误农事的农家，农师可以向州县报告，由上级决断处理。就实际而言，农师在指导督促农业生产中占有重要地位。

除了农业方面的“劝课农桑”教育，宋代矿冶、陶瓷、造船、纺织、造纸和印刷等行业也快速发展。例如,《东京梦华录》中曾记载北宋时期首都汴梁饼店“每家有五十余炉”；再如,《宋会要辑稿》中记载，宋仁宗年间，梓州有“机织户数千家”。除了民间手工作坊，官方手工业的规模就更加庞大了。少府监统御下的文思院，是宋朝生产规模最大的官营手工业作坊，拥有的工匠数量超过数万人。地方上还有许多其他的官营手工业作坊，如造兵器的诸道都作院、产铜各郡的铸钱监、成都蜀锦院等，规模都十分庞大。

宋代手工业发展的这种新形势，必然带来生产关系的转变。例如，南宋时期，军器监里面的工匠有七八千人，这些人都是按期领工资生活。这种生产关系与以前是大不同的。宋代官方手工业作坊的主体是在编官匠。在官匠不足的时候，官府也通过差雇、当行、配作等方式，雇请民间匠人。需要注意的是，宋代官营手工业作坊一般不会无偿征调民间工匠，大多采用“差雇制”。具体来说，政府在平时将民匠登记在簿籍上，遇到需要的时候，就按簿籍轮流“差雇”。“差”就是官府按名册征集需要的工匠，而工匠必须去；“雇”就是官府不再免费使用工匠，会付给一定的钱粮。这种“差雇制”下，工匠的生产积极性比前代有很大提升。

宋代手工业的发展现状，决定了其技艺传授方式也会随之改变，总结起来主要有三种：一是官方“法式”授艺，二是民间“团行”学徒制，三是“技艺家传”。

一、“法式”艺徒制技术技能教育

上文已经提到宋代官府在某些行业是有庞大手工业作坊的。在其中劳作的工匠水平不一，为了更好地统一工匠的技能，形成一致的技术标准，制定所有人认同的培训手册就势在必行。“法式”教育就是在这种情形下产生的。所谓“法式”就是在总结过往生产经验的基础上，编制生产技艺的规范。此外，“法式”教育形成的另一个原因是为了预防腐败，统一的法式制作标准，对生产资料的使用、工程造价的预

算都会形成一定的监督，在一定程度上可以避免浪费和官员贪墨。

宋朝非常重视“法式”建设，曾多次下诏编纂各种“法式”。其中，比较著名的有李诫编撰的《营造法式》，军器监编撰的《熙宁法式》等。这些“法式”是对我国古代科学技术的系统总结和发展，推动了技艺的规范化。“法式”成为艺徒训练的基础教材，体现了手工业技术的成熟以及理论化水平提升，降低了师傅教学的随意性，提高了教学效率。

營造法式 一 卷十 二百十二

立頰長視上下仰托榥內其廣三分六厘厚三分
泥道版長同上其廣一寸八分厚一分
難子長同立頰方一分安平棊亦用此
平棊華文等並準殿內平棊制度
桯長隨枓槽四周之內其廣二分三厘厚一分六
厘
背版長廣隨桯以厚五分爲定法
貼長隨桯內其廣一分六厘厚同背版
難子并貼華厚同每方一尺用華子二十五枚或
十六枚
楅長同桯其廣二分三厘厚一分六厘

營造法式 一 卷十 二百〇九

填心長三寸六分廣二寸八分厚同上
壓青牙子長同束腰廣一寸六分厚二分六厘
上梯盤長同連梯其廣二寸厚一寸四分
面版長廣皆隨梯盤長深之內厚同牙頭
背版長隨角柱內其廣六寸二分厚三分二厘
束腰上貼絡柱子長一寸兩頭叉瓣在外方七分
束腰上襯版長三分六厘廣一寸厚同牙頭
連梯榥每深一尺則長八寸六分方一寸每面廣一尺用一條
立榥長九寸方同上隨連梯榥用五條
梯盤榥長同連梯方同上用同連梯榥
帳身高九尺長三丈深八尺內外槽柱上用隔枓下用

◎《营造法式》部分文字内容

二、民间“团行”学徒制度

据《东京梦华录》记载，宋代手工业不论生产物件大小，都设置了“团行”，各团都有“行老”。“团行”之上设有“库”，“库”有“行首”。民间手工业作坊受“团行”和“库”的辖制，凡是作坊雇佣工匠和学徒，都是要经过“行老”和“行首”的同意。

这种“团行”学徒制度对手工业的发展有利有弊。其最大弊端在于大批徒工学艺，需要接受沉重的剥削和压迫。“团行”学徒制度本质上是手工业竞争的产物，在一定程度上限制了技术的传授，但“技术保密意识”增强。与以往师徒授受相比，

“团行”成为师傅与徒弟之间的纽带，这种“团行”学徒制突破了“子就父学”的传艺方式，促进了社会性师傅授徒活动的发展。

三、“技艺家传”

在宋代，家学技艺仍然以“父子相传”为技术传授主要方式。当时很多手工业如制墨、制笔、制砚、金银器加工、制瓷器等，都因为技术保密而不外传。所以，“父子相传”的家学模式依然是最现实的解决方法。

宋代的手工业之所以繁荣，除了与官方的大力扶植和规范化培训有关之外，也与工匠地位的提高息息相关。由于工匠地位的提高，才使工匠对政府的依附程度减弱，自由度提高，而且丰富的报酬更容易激励工匠发挥主动性。于是，这一时期产生了一个有趣的现象：宋代的刻书者往往把刻书工匠的姓名、堂号，或书坊字号、刻书年月等事项刻于书中。这不同于一般因质量考核而规定的“物勒工名”，而是一种自我意识或者说职业荣誉，这也是宋代手工业得到大发展的证明。

第四节 宋代的手工业著作

得益于手工业的高速发展，宋代社会上出现了官府以及个人总结与撰写的手工业技艺传授教本。这在前代是非常少见的，为工匠技艺的传承与传播开辟了一条新的路径。这类手工业著作在技艺的传播上具有很大的优势，使得技艺传承摆脱了空间与时间的束缚。一些技艺不再局限于家族内部成员，其他人也能学到，可以快速精准地流入他方，促进了技艺的交流和发展。根据编著来源、内容形式，简单介绍以下几本技艺著作。

一、《陈旉农书》

我国古代有很多指导农业生产的书籍，像《氾胜之书》《齐民要术》等，这些书籍大多描述的是我国北方农业生产情况。宋朝时期，江南地区农业快速发展，但江南与北方农业生产大不相同。因此，迫切需要一部讲述江南农业生产的书籍来指导当地的农业。《陈旉农书》就是在这样的情况下诞生的。

《陈旉农书》分为上、中、下三卷，一万两千余字，记载了陈旉关于南方农业生产许多方面的思考。关于土壤的利用和改造方面，陈旉认为，通过施肥可以让土壤保持肥力，不再是三五年就地力尽失。关于水稻种植方面，陈旉对田地做了详细划分，并根据田地种类的不同，安排不同的种植时间和种植方式。关于耕牛方面，陈旉认为，在农业生产中“牛之功多于马”，农民对牛要有“爱重之心”，要遵守“顺时调适”的饲养管理总则。

《陈旉农书》体现了宋朝农业的新发展。该书出版之后，引起巨大影响，在明朝时期被收录进《永乐大典》。18 世纪，又流传至日本等国家和地区。

二、《营造法式》

宋朝时期，我国创造了灿烂的文化世界，诗词歌赋、琴棋书画均取得极大发展。这其中，有一部著作展现了我国古代建筑事业的伟大成就，凝聚了古代工匠的营造智慧，这就是李诫编写的《营造法式》。

李诫受朝廷诏命，于宋哲宗元符三年（公元 1100 年）编完《营造法式》，并进呈朝廷。宋徽宗崇宁二年（公元 1103 年），朝廷正式刊印发行《营造法式》。

《营造法式》正文共有三十四卷。其中，最后六卷是 193 幅图样。英国科学史学家李约瑟在研究过这些图样后，大为赞赏：“李诫绘图室的工作人员所作出的框架组合部分的形状表示得十分清楚，我们几乎可以说这就是今日所要求的施工图——也许是任何文化中第一次出现。”

《营造法式》的编修来源于古代匠师的实践，是历代工匠相传、经久通行的技艺。所以该书反映了当时我国土木建筑工程技术所达到的水平，对研究我国建筑、理解建筑理念和精神有着深远的意义。

《营造法式》一书的完成，确立了当时建筑的耗材、度量标准，对规范当时混乱的建筑制度、减少利用建筑工事贪污舞弊的现象起到了一定的作用。同时，其作为我国第一本官修建筑技术书籍，揭示了北宋时期宫殿、寺庙、官署、府第等木构建筑的建造方法，对古代建筑发展所起到的推动作用不可磨灭，也使我们能在实物遗存较少的情况下，对当时的建筑有非常详细的了解，成为我国古代建筑发展过程中的重要环节。

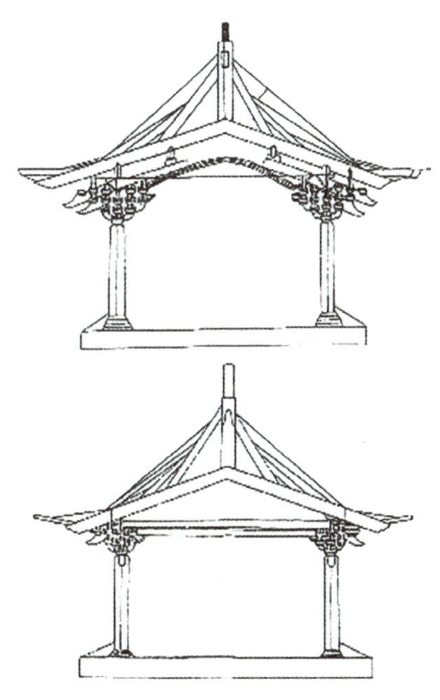

◎ 宋·《营造法式》插图

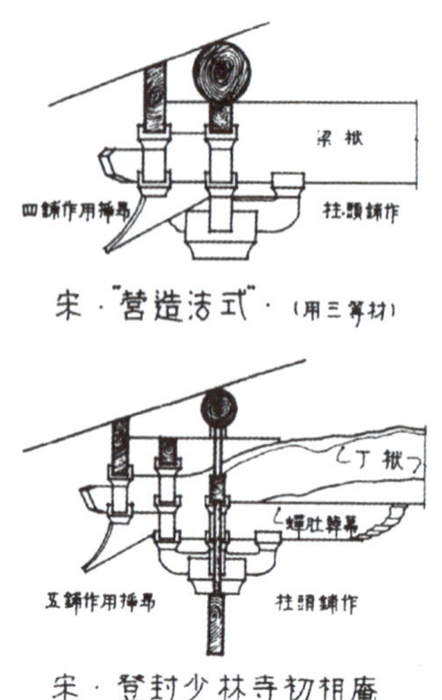

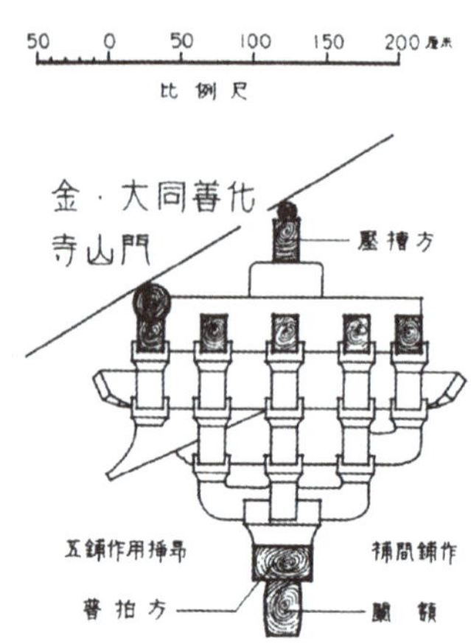

◎《梁思成注释营造法式》插图

三、《梓人遗制》

《梓人遗制》是我国古代一部综合性的木质机械设计专著，是薛景石所著。据记载，薛景石是金末元初人，自小对木工、机械制造感兴趣，常常有新奇的想法冒出。成年之后，作为富有制作经验的木工师傅，薛景石结合自己的实践经验，不断推陈出新，时常把自己的设想运用到设计中。据说，凡是他打造的器具，不仅精美异常，而且相比前人多有突破。另外，薛景石在自己长期实践中，深感“今人之巧，其机不等，自各有法式”，阻碍了机械制造业的发展，认为应对各种机具的制造方法加以总结、规范，以便于对机具的维修和推广。

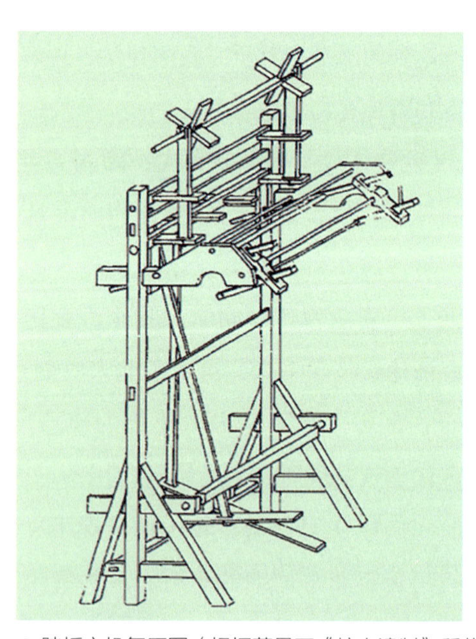
◎ 踏板立机复原图（根据薛景石《梓人遗制》所载）

《梓人遗制》问世以前，各地织机

皆不相同，即使是同一地区同一种机器，其规格、尺寸都会因所制工匠不同，而有差异，这给纺织生产、织机制造、织机维修带来很大不便。《梓人遗制》的出现，使这种现象有所改变，对推动当时纺织业的发展起到不小作用。这部一直没能正式刊印的木工技术专著，在民间流传 190 年以后，被官方正式收录于《永乐大典》里，使它得以流传至今。近些年来，《梓人遗制》的成就和价值，越来越得到人们的重视，苏州丝绸研究所曾根据其所记，复制出失传几百年的汉唐罗机，并用它织制出通体皎洁的“练式罗”，使这种早已失传的精美丝织物重放异彩。

四、《梦溪笔谈》

我国历史悠久，文化灿烂，封建时代科技、医学、建筑等许多方面引领世界发展。但古代统治者往往把科技发明视为“奇技淫巧”，刻意打压，使我国许多发明创造得不到应用，湮灭在历史长河之中。这种情形也严重影响了古人的观念，形成了安于守成、不敢创新的思维方式，使我国科技发展的脚步逐渐慢下来。

即使如此，依然有许多怀有强烈民族责任心的仁人志士披荆斩棘，推动我国科技发展。沈括就是其中的一个杰出代表。在宋朝“重文轻武”“重道轻艺”的社会环境中，沈括以“有补于世”的眼光，完成了著作《梦溪笔谈》。

《梦溪笔谈》全书共 30 卷，涉及天文、地理、数学、物理、化学、生物、医学、考古、军事等诸多领域，内容极为丰富。我国古代劳动人民所取得的众多科技成果因此得以保留。沈括被认为是当之无愧的 11 世纪世界一流科学家，英国科学史学家李约瑟高度评价他是“中国整部科学史中最卓越的人物”。

《梦溪笔谈》中记载：“日月之形如丸。何以知之？以月盈亏可验也。月本无光，犹银丸，日耀之乃光耳。光之初生，日在其傍，故光侧而所见才如钩；日渐远，则斜照，而光稍满。”大意是日月的形状像圆球，怎么知道是这样呢？从月亮的圆缺可以验证。月亮本身并不发光，好比是个银球，太阳照耀着它才发光。每当月初刚有月亮的时候，太阳在它的旁边，所以阳光只能照在侧面，看见的月亮才会像个弯钩。太阳渐渐远去，阳光就斜着照过来，月亮就逐渐圆满起来。

单从这段记述，就可以看出《梦溪笔谈》的重要意义，其作为一部古代科学技术百科全书，向我们展示了北宋时期我国科学技术的高度发达。

管色定絃始諭積詩言如今之調琴須先用管
色合字定宮絃乃以宮絃下生徵徵絃上生商上
下相生終於少商凡下生者隔二絃上生者隔
一絃取之凡絃聲皆當如此古人仍須以金石
爲準商頌依我磬聲是也今人苟簡不復以絃
管定聲故其高下無準出於臨時懷智琵琶譜
調格與今樂全不同唐人樂學精深尚有雅律
遺法今之燕樂古聲多亾而新聲大率皆無法
度樂工自不能言其義如何得其聲和
今教坊燕樂比律高二均弱合字比太蔟微下却
以凡字當宮聲比宮之淸宮微高外方樂尤無
法求體又高教坊一均以來唯北狄樂聲比教
坊樂下二均大凡北人衣冠文物多用唐俗此
樂疑亦唐之遺聲也
今之燕樂二十八調布在十一律唯黃鍾中呂林
鍾三律各具宮商角羽四音其餘或有一調至
二三調獨㽔賓一律都無內中管仙呂調乃是
㽔賓聲亦不正當本律其間聲音出入亦不全

◎ 宋·沈括《梦溪笔谈》部分文字内容

五、《武经总要》

众所周知，宋朝“重文轻武”，以文抑武。但在宋军屡战屡败的教训面前，宋朝不得不重新审视自开国以来的军事思想。《武经总要》的编纂就是对原有军事思想审视的结果。

《武经总要》是北宋朝廷动用国家力量编辑的一部大型综合性兵书，它包含了军队组织、制度、训练、武器制作等各个方面，是我国军事发展的一次历史性总结。在很多方面，《武经总要》都有进一步发展。例如，在作战指导方面，《武经总要》提出，在“先审于己”的基础上，再“察彼之形势”，只有先知己，然后知彼，才能够在外出作战时应对自如，不慌不乱，取得胜利。在攻城作战方面，《武经总要》认为在攻城作战中，首先应准备好攻城器具，然后抢占有利地形，集中攻击敌人要害部位，断绝敌人的粮道和

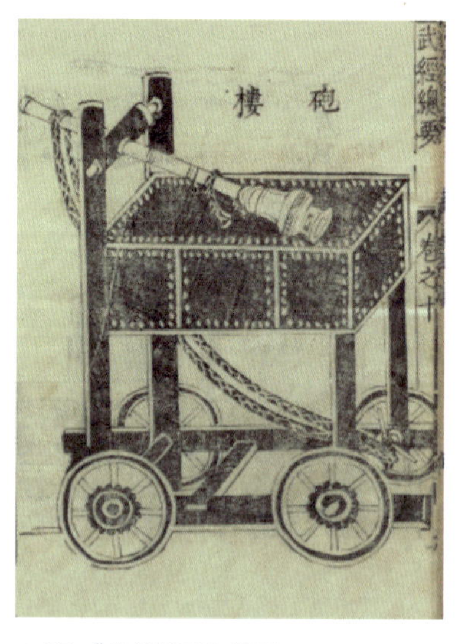

◎ 宋·《武经总要》插图

退路。在武器装备方面，《武经总要》更是详细记载了各种武器装备的制作和使用。仅第十卷至第十三卷这四卷中，就附有各式插图 250 幅以上。

与之前的兵书相比，《武经总要》在战略、战术等方面都有涉及，甚至因其作为武学专门学校的教材，在战术细节方面的详细程度更是过去兵书所不能比的。但这部书籍诞生于“重文轻武”的时代，当时并没有发挥出它应有的作用。如今，《武经总要》已成为我国研究军事发展史和兵器技术史的重要资料。

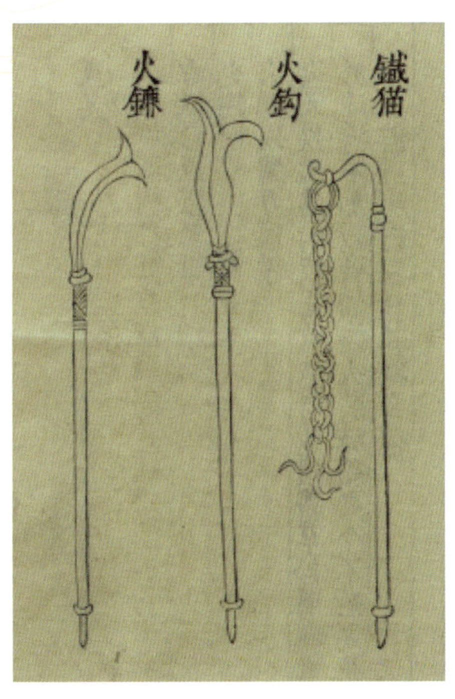

◎ 宋 ·《武经总要》插图

第六章 元代的技术技能教育

元代是我国历史上又一个民族大融合时期，其幅员辽阔，民族众多。为了适应统治需要，元朝廷采取了多种措施统治民众。例如，实行职业户计制度，把百姓按照职业划分为不同的户计，种田的称为民户、服兵役的称为军户、手工业者称为匠户……此外，还实行全民当差制度，这种严重绑架人身自由的做法限制了社会的发展。

究其原因，是因为北方游牧文明与汉族农耕文明之间有着激烈冲突，而元朝统治者又没找到合适的方式调解冲突。因此，整个元朝动荡不安。

单说技术技能教育方面，得益于元朝的大一统，社会各群体之间的交流不断加强，技术技能教育领域出现了一些新的发展。例如，元朝实行重农、重工、重商的“三重”政策，农业技术教育的“社学”就别具特色。技术技能教育方面的另一个变化是越来越多的士子加入进来，技术在士子心中的地位提升。元朝科举制度荒废，大量文人仕途受阻，不得不投身社会百科研究。这些都为我国近代技术技能教育变革埋下了种子。

第一节 元代的专门学校

元朝将全体居民按职业划为民户、军户、医户、乐户等，而且一经入籍，就不许随意更动，世代相守。这一制度虽然限制了职业自由，但是一定程度上稳定了社会各职业的传承。

与唐宋时期相比，元代培养技术职官的专门学校总体上处于不发达且不断衰落的状态。但是元代时期中外交流空前活跃，波斯和阿拉伯的天文、历法、数学、医药等各类书籍大量传入，这对中外科技交流和元朝的科技教育发展起到了促进作用。其中，医学以及天文学技能教育出现了新的特点。

一、医学专门学校

元朝不设中央医学，全部都是地方医学，属于地方官学的一种。元世祖忽必烈在中统三年（公元 1262 年）下令在全国各地兴办医学机构，大批量培养医学生。医学生生源主要有两种，一种是“医户”子弟，另一种是部分“非医户”子弟。医学生的学习内容包括《素问》《难经》《脉诀》《神农百草》等，另外还要通读《四书》。医学生每个月都要考试，成绩需要上报朝廷。此外，医学生三年举行一次资质考试，中选者参加更高一级考试，再中选就可以授官任职。

“医户”在元朝是一个技术群体，是被元朝廷另立户籍的，享有免除差役等特权。元朝对医学极其重视，先后设置了“医学提举司”和“官医提举司”两个机构负责管理医学事务。其中，“医学提举司”主要管理医学生和地方医学机构，对医学生和医学教员进行考评，对医学著作进行审查，对各地的中药进行检查。“官医提举司”则主要管理“医户”和医官。

二、天文历法专门学校

元朝是我国古代天文历法学的发展与兴盛时期。为了修订历法，元朝中央政府先后在上都、大都、登封等处兴建天文台与回回司天台，设立了远达极北与南海的27个天文观测站，进行了有史以来最大规模的天文学实际测量的工作。郭守敬等杰出的科学家通过一系列精准的天文测量，在南宋《成天历》的基础上，成功制定完成了《授时历》这部卓越的历法。《授时历》不用“积年”，不用“日法”，采用全新的“招差法”来推算太阳、月球的运动速度，用弧矢割圆术来推算黄道经度和赤道经度、赤道纬度的关系。因采用了一批经由实测而得的较准确的天文数据，《授时历》成为我国古代最精良的历法，定一年为365.242 5天。

◎ 河南登封观星台（创建于元朝至元十三年至十六年）

如此成绩，与元朝中央政府的重视是分不开的。元代设置有专门从事天文历法管理和教育的机构——司天监，开设天文、算历、三式、测验、漏刻、阴阳等科，学生定额为 75 人。至元十五年（公元 1278 年）设置与司天监并立的太史院，招收星历生，名额为 44 人。元世祖时期，还在各路、府、州设置有“阴阳学”。司天监天文师生共有 5 个级别，从低至高依次为草泽人、司天生、长行人、管勾、教授。自草泽人至教授需逐级学习与考试。司天监学生因级别不同，其学习内容和考试内容亦不相同。诸路、府、州的“阴阳学”，教学内容为天文与术数，隶属于太史局，依照地方儒学、医学章程办理，设教授，每岁将诸生中成绩优异者呈报朝廷，送至京都参加考试，考取之后在司天监任官。元代初年大规模的天文观测与历法改制，都吸收司天监学生参加，通过这些重大活动，培养和提高了他们的工作技能。除此以外，学生们还要进行经常性的观测和记录。

第二节 元代的农业技术教育

元朝经济大致上以农业为主，其整体生产力虽然不如宋朝，但在生产技术、垦田面积、粮食产量、水利兴修以及棉花广泛种植等方面都取得了较大发展。元朝统治阶层从稳定社会的角度出发，采取多种措施，大力恢复、奖励农耕，推动了农业进步。

一、帝王劝农

忽必烈初登汗位后，即“首诏天下，国以民为本，民以衣食为本，衣食以农桑为本”。元朝建立后，元世祖忽必烈把促进农业生产作为巩固新政权的紧迫任务，制定了一整套符合中原地区社会实际的治国方略，推行重视农桑的经济思想和政策，采取了一系列恢复和发展生产的措施，如设置劝农官、颁布农书、奖励农桑、屯田开荒、兴修水利、建立村社、减免赋税、抑制兼并、禁止扰农、救济灾荒等。

元代为保护农桑，严禁蒙古贵族、军队损害桑林。至元四年（公元 1267 年）三月，元诏书记载：“农桑，衣食之本。仰提调官司，申明累降条画，谆切劝课，务要田畴开辟，桑果增盛，乃为实效。”至元六年（公元 1269 年），忽必烈下令“诏诸路劝课农桑，命中书省采农桑事，列为条目，仍令提刑按察司与州县官相风土之所宜，讲究可否，别颁行之。”元朝廷经过两年搜集，在参考大量农业著作的基础上，编写了一部重要的著作——《农桑辑要》。此书颁布天下后，又曾多次刊印，分发各级官员用来指导农业生产。此外，元朝廷还颁发过《栽桑图》《通制条格》《农桑旧制》

等，有关诏书令文不胜枚举。

二、设立劝农官与传播《劝农文》

自中统二年（公元 1261 年），元朝廷开始在中央和地方设立各级劝农机构，督促农桑。元朝廷不仅经常派农官巡行各地检查，派知水利的官员疏渠通沟，以减少水旱灾害对农业的影响，而且把人口和耕地数量的增减作为官员政绩的重要标准。每次官员考核中，都有各级官员因为农桑生产的增减而升官或降职。

除了设置劝农官和加大对官员的检查力度以外，元中央政府还以通俗《劝农文》推广农业生产知识和技术。例如，对于土壤肥力，《劝农文》指出："其有年深瘠薄者，教之上粪，使土肉肥厚，以助生气，自然根本壮实，虽遇水旱，终有收成"；对于粮食种植，《劝农文》指出："切须勤锄功到，去草培根。岂不闻锄头有雨，可耐旱干；结穗既繁，米粒又复精壮。"此外，元代还编写了《善俗要义》等农业方面的通俗书籍，下发给乡村中的社长、社师，以"科普读物"形式推广农业生产。

三、建立农业技术教育典范——社学

元朝幅员辽阔，人口众多，各路、州县的学习机构都在城内，乡村子弟因为路远等现实条件并不能到学。于是，社学这一基层组织形式开始建立。元朝的社学组织规定：五十家可以成为一社，推选年长有农事经验的人为社长。一个村落具体的成社数量可以根据现实情况适当增减。

社长的职责主要是对村民"教劝农桑"，督促村民根据时节劳作，以及组织互助、储粮备荒等事项。为了让社长能够全身心地投入工作，元朝廷对社长有一定的优惠政策，如免除苛捐杂税等。自然，朝廷也会对社长的工作进行考核，实行奖优惩劣制度。

需要指出的是，组织成社还有一个重要原因，是使农家子弟在农闲时刻可以入学读书，这也是统治者为了稳固统治而采取的措施。

社学最初在北方推行，元灭南宋之后，又推广到江南。社学的普遍实行对农业生产起到了积极作用，但这种作用主要表现在元初。随着农业生产的逐渐恢复，社学"劝本社之人务勤农业"的作用明显减弱。

四、刊行农书进行农业技术教育

元代出版的《农桑辑要》《王祯农书》《农桑衣食撮要》是我国农学史上的三部重要著作，其内容均以黄淮地区的农业生产为主要对象，特别注重对蚕桑业的记述。“桑农并重”是这三部书共同的特点。

（一）《农桑辑要》

《农桑辑要》实际上是元朝官府颁布的农业技术教科书，也是我国现存最早的官修农书。至元元年（公元 1264 年），元世祖即位，第二年便设置了专管农业的“劝农司”，后来又改为“司农司”，《农桑辑要》就是由司农司主持编写的。司农司的官员意识到，农业生产仅靠勤劳还不够，必须让广大农民掌握科学的农业技术，才能够提高农业生产力，达到“功多而获丰”的增产目的。《农桑辑要》所涉及的生产经验和生产技术知识，不像之前的农书含有荒诞不经的内容，而是特别讲求科学性。

◎《农桑辑要》清乾隆版

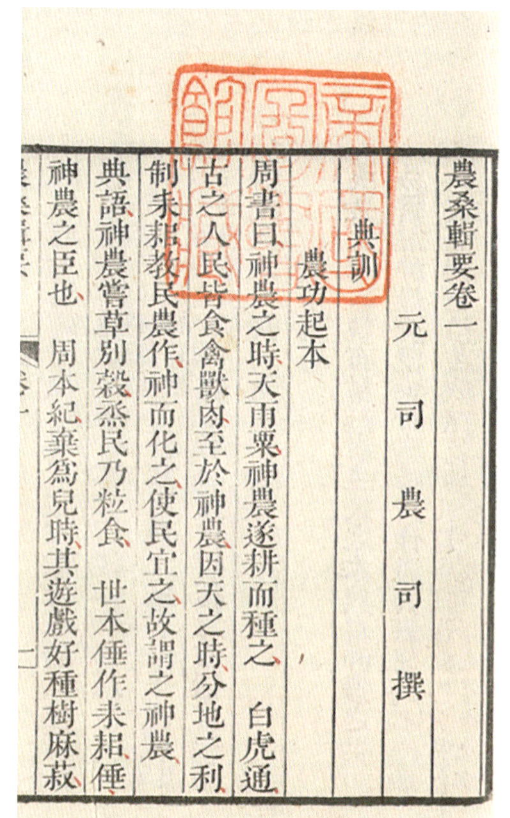

農桑輯要卷一

元　司　農　司　撰

典訓

農功起本

周書曰神農之時天雨粟神農遂耕而種之　白虎通

古之人民皆食禽獸肉至於神農因天之時分地之利

制耒耜教民農作神而化之使民宜之故謂之神農

典語神農嘗草別穀烝民乃粒食　世本倕作耒耜倕

神農之臣也　周本紀棄爲兒時其遊戲好種樹麻菽

◎《农桑辑要》部分文字内容

《农桑辑要》作为官修农书且为元代农业技术教育中最重要的统编教材，代表了元代农业科学技术发展的最新成就。此书编辑完成后，曾经多次刊行，在全国范围内产生了极大的影响。

（二）《王祯农书》

史书记载，王祯曾在宣州旌德县与信州水丰县做过两任县尹，积极推进农业实践与农民教育活动，劝农工作政绩斐然。据《旌德县志》记载：王祯任旌德县尹时，“每暇日躬率家童，辟廨西废圃，构茅屋三间，引鹿饮泉水，注为清池，以种莲芡，四面树以花草竹木，仍别为谷垄稻区，环植桑枣、木棉，示民种艺之法，匾其居曰山庄，命其圃曰偕乐”。王祯毕生钻研农业生产技术及农业机械制造技术，他把这些知识与自己指导农业生产的经验结合起来，编著了《王祯农书》。全书正文约 13 万字，分《农桑通诀》《百谷谱》《农器图谱》三大部分，最后所附《杂录》包括了两篇与农业生产关系不大的《法制长生屋》和《造活字印书法》。此外，此书对于植物性状的描述，也是之前农书不曾有过的。该书对农业技术和农业机械的普及和推广发挥了积极的作用。

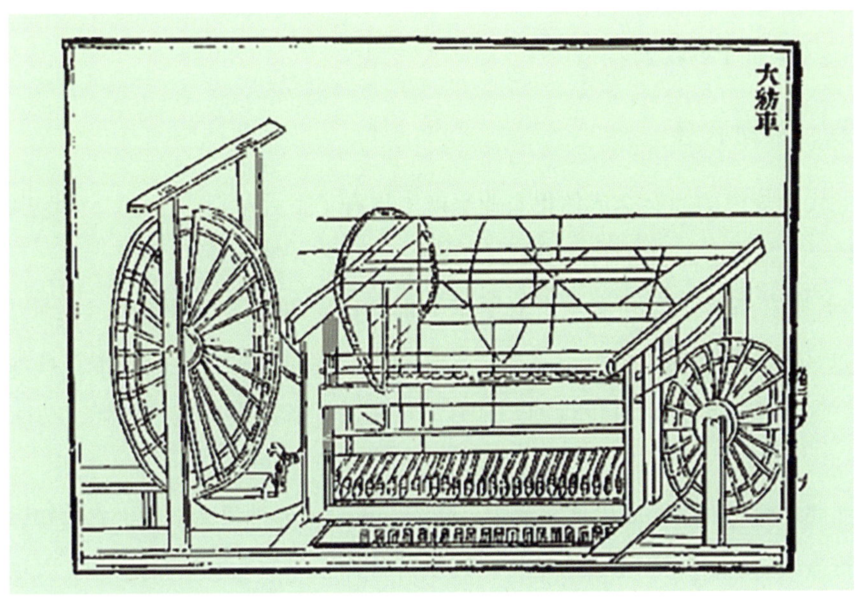

◎ 大纺车（《王祯农书》插图）

（三）《农桑衣食撮要》

《农桑衣食撮要》是我国元代维吾尔族人鲁明善创作的一部农书，分上下两卷。全书以一年十二个月为序，逐月写明当月应该做的农事，简单明了。书中内容包含气象、水利、农耕、蚕桑等诸多方面，文字通俗易懂，一切讲求实用。

《农桑衣食撮要》体现了鲁明善关于农业生产的思考，并形成了自己的思想观点。一是重农思想。鲁明善认为农桑可以让人吃饱穿暖，而人吃饱穿暖之后必然会学习礼仪道德，国家自然也就长治久安。二是精耕思想。鲁明善认为农业生产需要付出极大努力，时时照料，需要从地力、种子、水利等多个方面考虑。三是农业经营思想。鲁明善提倡农林畜多种经营，强调综合利用，追求最大经济效益。四是备荒思想。鲁明善提倡丰年备荒，农业生产靠天吃饭，不确定性很大，注意备荒才能做到有备无患。

鲁明善的这些思想观点与汉民族的农本思想一致，遵循“仓廪实而知礼节”的逻辑。作为少数民族农学家，鲁明善不仅总结了汉族劳动人民的生产经验，而且把西北地区少数民族的生产经验进行了总结，为我国的农学书籍增加了全新的篇章。

这部实用的农业小百科全书自发行之时，就受到欢迎，明《永乐大典》和清《四库全书》都予以收录。

五、革新农具

元代大规模的社会交流使得农业生产工具有了很大革新，这在“元代三农书”之一的《王祯农书》中有详细记载。

《王祯农书》专门列有《农器图谱》部分，绘制了306幅图画，收录了105种农具，占到全书篇幅的五分之四，这在农学史上是首创之举。这些农具既有北方的，又有南方的；既有传统的，又有新创制的，农具形式多种多样，功能十分齐全。

在此之前的农书大多以文字为主，介绍农具时十分抽象，不利于农业知识的理解和传播。《王祯农书》却细心地将农具分成二十门，每门再分为若干项，每项之下专门画一图演示，并配以文字注解说明，极大便利了读者。书中图片囊括了耕种、灌溉类农具七十余种，详细解释了其构造、来源、演变和用法。例如，书中记载有利用急流为动力的水转连磨，可以带动九盘磨，一盘磨一天磨米可供千户人食用，换上水筒一昼夜能灌田一百多亩。另外，书中还有大量关于田制、仓廪、运输等农业方面的图片。《农器图谱》中还对黄道婆创造的擀、弹、纺、织等工具作了全面介绍，具有珍贵的历史价值。

粮食生产的发展，同样促进了经济作物的种植。元代已有部分农民专门从事蚕桑和棉花等经济作物的生产，以供应手工业的需要，如松江地区的棉花、太湖流域的蚕桑。商业性的果园在这一时期也出现了。福建荔枝“初著花时，商人计林断之以立券，一岁之出，不知几千万亿。水浮陆转，贩鬻南北，外而西夏、新罗、日本、琉球、大食之属，莫不爱好，重利以酬之”。产额大、销场广的大规模果园经营是商品经济高度发展条件下的产物。

◎ 飏扇与风扇车（用作扬谷，除去糠粞）

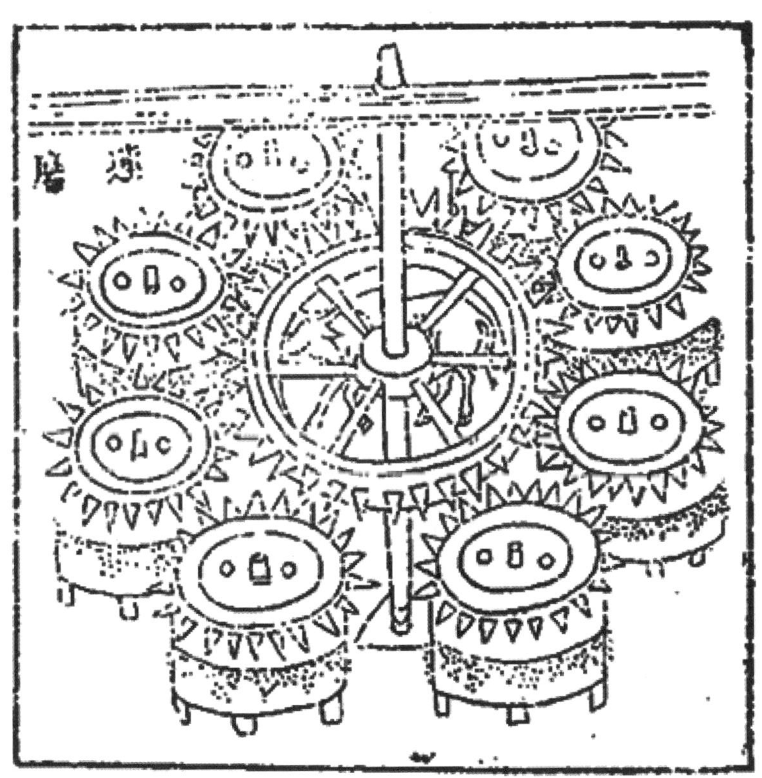

◎ 连磨

第三节 元代的手工业发展及技术教育

元代的各种手工业技术比较发达，如青花瓷器、航海技术、制盐业、兵器制造等都有一定发展。元代的官营手工业在体制上最初并非沿袭唐宋，而是在长期征战的过程中基于需要逐渐设立起来的。元朝统一全国后，已经形成了一套完备的官营手工业系统。中央设立的管理机构有工部系统、将作院系统、大都留守司系统、武备寺系统，地方政府也设立了系统的手工业管理体系。元朝官办手工业种类繁多、机构庞大，全国官营手工业工匠总数在百万人以上。与此同时，官府对民间手工业则有一定的限制。

◎ 水排图

◎ 踏车

元代尽管十分重视手工业生产，但由于严格的等级制度以及对工匠自由的限制，从总体上讲官府手工业艺徒制度开始出现衰落，民间手工业作坊技艺家传也趋于保守。

早在元朝建立之前，蒙古统治者就搜罗工匠建立了许多官营手工业作坊，来进行武器等手工业品的生产，用以满足对外战争的需要。元朝建立后，地方上建立了总数超过三百处的官营手工业作坊，遍布全国各地。元代官营手工业的生产规模一般都相当大，有的作坊拥有工匠两三千户，小的作坊也有数十户。

元代的官营手工业作坊，主要从事军事性生产和日用工艺品生产。日用工艺品的生产，主要是为了满足贵族和官府的消费，不属于商品生产。由于官营手工业作坊规模大，分工比宋代更细，再加上优秀工匠集中，互相之间可以交流先进的生产经验，元代生产出了一些富有时代特点的优秀产品，使某些手工业生产得到了一定程度的发展。由于元代匠户的人身依附关系很重，严重抑制了手工业者的生产积极性，阻碍了生产技术的进步。因此，元代官营手工业作坊虽然很多，但总体来说，进步不大。

◎ 元·凤鸟柄玉洗

◎ 元·剔红仕女婴戏图漆盘

单就技艺传承方面讲，元代工匠技艺的传承之路基本上还是沿着唐宋的轨迹继续向前，官营手工业方面主要是匠籍制度，由官方进行培训；民间手工业方面技艺的传承还是以家族传承为主，行会的职业技艺传习为辅。与唐宋相比，元代在工匠培训和技艺传承上又多少有一些变化，具体有以下几点。

一、官营手工业“匠籍”制度

为了很好地控制工匠，发展官营手工业，元朝政府把他们独立编为匠户，以便于管理、征用和役使。在两宋时期，当时的工匠是雇募制，身份比较自由，而元朝对工匠户籍的强制管理，相比之下是一种倒退。由于元朝实行“诸色户计”制度，其他阶层同样受到强制管理。任何人一旦被编入户籍，就要世代相袭，匠人永远是匠人，世代都不能脱籍，强制性地以无偿服役的方式到官营手工场劳动。

二、官营手工业工匠培训制度

元朝政府重视工匠培训，一方面是为了提高工匠的技艺水准，另一方面也有筛查筛选的目的。元朝初期，许多人为了躲避战争中的屠杀，冒充工匠，入了匠籍，实际上他们并不懂技术。所以，官营作坊对他们进行培训是非常有必要的。培训主要有两个步骤：一是设置专门掌管技艺的部门，二是组织专人负责传授技艺。官府手工业中的匠官，多由精通工艺的工匠担任，承担着传授技艺的职责，对不习工艺者“教以工事”，使之“皆为良工”。

私营手工业中，工匠的具体培训依旧主要是技艺家传。尤其是在元朝政府“匠籍”制度下，“诸匠户子女，使男习工事，女习黹绣”，家业世传的情况得到进一步强化。

◎ 茧馆图

三、工匠中加入儒士

以往朝代中，儒士具有较高的社会地位，而工匠则是被人们轻视的。到了元朝，朝廷为了保护蒙古及色目人的社会地位，对中原儒士并不重视，甚至相当鄙视。因此，部分士人儒生远离官场，迫于生计，开始向以往较低的阶层转变，促成了士民之合。元代著名的理学家许衡就提出了“治生论”，说的就是为学最重要的是填饱肚子、维持生计，只要可以达到此目的，务农或经商均可，这种思想是相当朴素和实际的。许衡的这一见解，对于传统儒家重本抑末、尚农轻商的观念而言，显得非常离经叛道，格格不入。因而，许衡饱受非议。元代动荡不安的社会秩序早已使得大量儒士生活贫困、境遇窘迫，不能像宋代儒生那样受到礼遇并拥有较多的财富和权力。养家糊口、忙于生计已成为他们的无奈选择。治生论的提出也是自然而然的。

四、不同民族技艺的流通和相互学习

游牧民族与农耕民族所擅长技艺是大不相同的，需要互相学习、不断交流，才能生产出实用、精美的器具来满足统治阶层的多样需求。这种不同民族之间的互相学习，实际上是不同民族技艺的交流与融合，在客观上促进了手工业技艺的发展，具有一定的进步意义。

五、出现专业化手工业城镇

元朝官府将工匠单独列籍，进一步加强了工匠的人身依附关系，但正因大量稳定依附关系的存在，客观上缓解了民间工匠的生存压力，为民间手工业经济的发展提供了空间。随着经济的恢复和发展，手工业技艺呈现多样化，元代的手工业经济在唐宋深厚的基础上得到缓慢发展，开始出现专业化的手工业城镇，如陶瓷专业化城市景德镇以及丝织、造纸专业化城市杭州等。在北方的大都市中也活跃着各种各样的手工业，造作售卖活动十分繁荣，这在元代是一种很好的进步。

◎ 元・青花缠枝牡丹纹带盖梅瓶

第七章 明代的技术技能教育

明朝是我国小农经济发展至顶峰并开始衰落的时期。经济、文化、科技等诸多领域均凸显此特征，技术技能教育领域亦是如此。明代技术技能教育比较发达，但已经逐渐落后于时代。这一时期，皇权进一步强化，其显著标志是废除了秦汉以来实行一千六百余年的丞相制度。至此，相权与皇权合为一体，皇权走向顶峰。在西方高举“人性解放”旗帜的时候，明朝加大了对社会思想的压制，政治、经济、文化更加趋向于保守，并逐步走向衰落。

明朝自开国始，即采取我国传统“重农抑商”的基本国策，严厉打击工商贸易活动，经济政策转趋保守。“商贾之家不许穿绸纱，百姓不许航海，对外贸易以进贡名目由礼部掌管”等，如此多“重本抑末”的经济措施使得整个社会形态又回退到以小自耕农为主的农业自然经济时代。这一时期，小农经济弊端逐步积累并同时压制萌生的近代大工业因素，从而导致了科技发明的原创力受到遏制。

第一节 明代的专门学校

明代是我国小农经济发展的高峰时期，农业生产知识和技术的传播因得到中央政府的重视而不断加强。然而，培养天文、历法、算学、医学等技术职官的专门学校教育呈现衰退趋势，官办手工业作坊的艺徒制也随着官营手工业的没落而衰亡。与此相对，民营工商业飞速崛起，民间手工业技术传承、商业经营知识教育得到蓬勃发展，民间医学研究和传承也得到了加强。另外，明末出现的“西学东渐”对技术技能教育发展也产生了一定的短暂影响。

一、天文历法专门学校

明朝初年沿袭元制，在中央政府设置司天监、回回司天监，后来改称钦天监，设监正、监副等职。明代钦天监的任务为观察天象、修订历法，为国家的大营建、大征讨以及皇帝的冠婚、陵寝等选择吉日。明朝在北京和南京都建有观象台，并配备有浑天仪等设备。钦天监里的官员上自钦天监正下至天文生、阴阳师等都必须恪尽职守，不断学习专业知识。

天文、历法教育在明万历以前的200年间处于低潮阶段。因为专业性强，所以钦天监里的官员不得改任其他衙门，子孙世袭，不得改从他业。明朝建立之初就规定“世业代补”“子孙承习”。和隋唐以来天文、历法学校向社会公开招生以保证生源质量的做法相比，明代的钦天监生员完全实行世袭制，造成教育体制僵化与生源质量下降。总体来看，明代天文官教育质量低劣。为适应加强专制统治的需要，钦天监也奉行“祖制不可变”的思想，墨守成规，不思进取，监内官员大多不学无术，教学敷衍塞责。

阴阳学是明朝的地方天文历法教育机构。洪武十七年（公元 1384 年），明太祖令府州县设立阴阳学，府置阴阳正术一人，州置阴阳典术一人，县置阴阳训术一人。这些官职皆由精通阴阳术者担任，他们同时以师徒相授的方式将此种技术传授给学生。

二、医学专门学校

明朝时期，太医院是中央规定的最高医学机构，主要有两个责任，一是负责皇室的医疗，二是管理全国的医学教育和医学人才选拔。在明朝早期，朝廷实行世医保举制度，意思就是通过官员推荐，选取民间医术高明者进入太医院。当然，朝廷也会对所推荐的人才进行考核，合格者由吏部安排任用，不合格者退回原籍，推荐他的官员也要治罪。另外，不论中央还是地方的医官子弟，精通医术者可以不用考试，直接报备吏部。这种情形在一定程度上影响了太医院医官的选取质量，随着时间推移，到明朝后期，愈加明显。

太医院的医学生，主要是从地方那些世代行医的家族里面选取。进入太医院后，他们就被称为“医丁”。若是因为某些原因，不能够再担任“医丁”工作，那么可以由他们的嫡系子孙替补。前提条件是他们的嫡系子孙要在太医院学习 3 年，通过了考试就可以继承“医丁”职位。如果嫡系子孙医术不精，或者没有嫡系子孙，也可以从旁系弟侄中选择。太医院另一种入院资格是从民间召取，一般是地方官员推荐当地颇有名气的医生去参加考核。这种政策给了民间医生一个提升的机会，大大刺激了民间学医的热情，推动了医学的发展。

太医院医学生由低到高一般分为医丁、医生、医士三等。其中，医生和医士名额约为 70 名。太医院按照大方脉、小方脉、妇人、疮疡、针灸等 13 科分科教学，每人只能专攻一科。教学所用教材主要有《素问》《难经》《脉诀》和一些重要方书。医学生必须熟读医学典籍，毕竟一年四次的考试内容都来自这些典籍。而三年一次的大考，医学生不论级别，必须参加。成绩不及格者，可以再学习一年，进行补考。若是连续三次补考都不及格，就退回原籍。

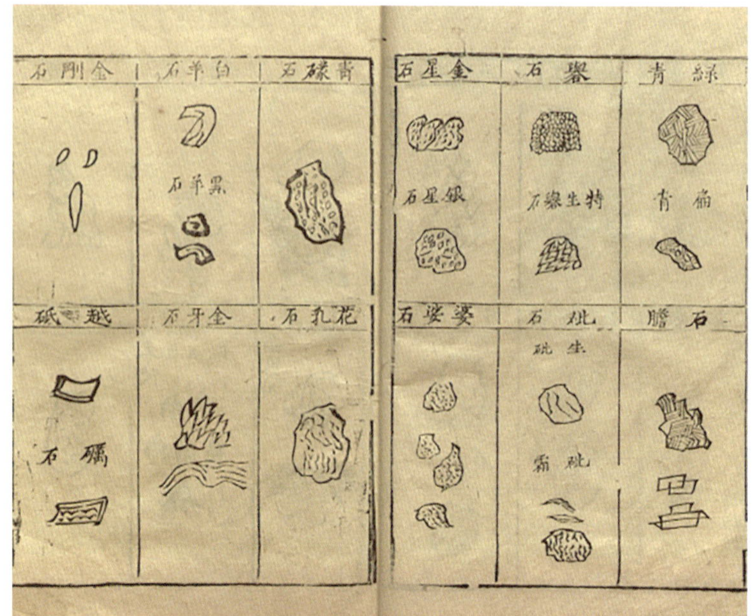

◎ 明·李时珍《本草纲目》插图

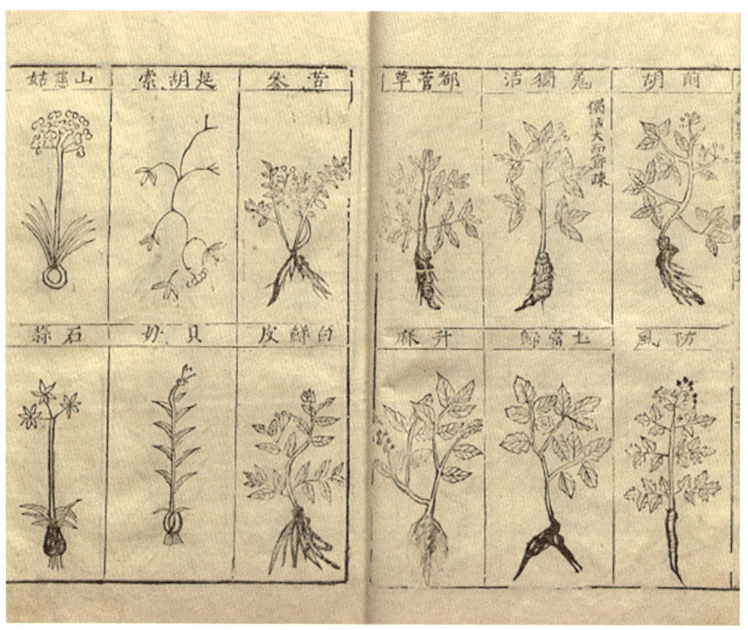

◎ 明·李时珍《本草纲目》插图

在地方上，明朝普遍设立医学教育机构，非常重视医学的发展。洪武十七年（公元 1384 年）开始设置地方医学，府设医学正科一人，州设医学典科一人，县设医学训科一人。弘治十七年（公元 1504 年）规定，府、州、县均设医学，主管地方各级医药行政和医学教育。地方医学的医生从各地世业医生中考选。《嘉靖南安府志》卷十三记载，医学"领医生习读医书，修合药饵，医治官吏及一应军民、狱囚人等疾病"。可见，医学并非单纯的学习教育机构，而是一个承担疾病治疗兼顾传授医学知识和技术的医学机构。

三、武学专门学校

明武学始于卫学。卫学是地方军事卫所的武官子弟学校；武学则是由中央政府设置，位于两京。据《明史》记载："武学之设，自洪武时置大宁等卫儒学，教武官子弟。正统中，成国公朱勇奏选骁勇都指挥等官五十一员，熟娴骑射幼官一百员，始命两京建武学以训诲之。寻命都司、卫所应袭子弟年十岁以上者，提学官选送武学读书，无武学者送卫学或附近儒学。"可见，武学与卫学是为保证各地武臣子弟入学机会采取的措施。与宋代武学专事军事教育不同，明代武学兼顾有儒学教育。

四、外语专门学校——四夷馆

明朝建立以后，朝廷希望像汉唐时期一样，与周边邻国发展友好关系，促进贸易往来。当时，来往贸易、朝贡的文书日益增多，导致了对外文翻译官的需求量增大，朝廷一时竟无可用之人。因此，建立一个专门的机构进行外文翻译就迫在眉睫。永乐五年（公元 1407 年），设立四夷馆，负责外文翻译，并招收学生学习外文。

四夷馆担负着国家与外国、番邦交流的重大责任，因此对学生的选择相当严格。明初时期，四夷馆招收的学生主要来自举人和监生。由于对外交流频繁，宣德年间，四夷馆开始扩大招生，大批官家子弟进入四夷馆学习翻译工作。

起先，四夷馆分为鞑靼、女真、西番、西天、回回、百夷、高昌、缅甸八馆，后来又增设了八百馆和暹罗馆。至此，四夷馆发展至鼎盛时期。因为四夷馆学生的晋升速度比儒生还快，所以私习以备选考者很多。尽管官府严禁私习夷学，但是外语私学仍然禁而不绝。

时间	事件
崇祯元年（1628年）	三月，内提督本馆太常寺少卿朱起送考粮，于四月十五日赴午门里搭附廷试。预考中译字生马士秀等六十八名，照例月给米一石，至七月二十七日满日开支讫。（《增定馆则》卷一） 本馆少卿朱奉批具呈内阁题请，优免商役。（《增定馆则》卷三）
崇祯二年（1629年）	翰林院提督四夷馆太常寺卿管少卿事，吕维祺等谨题为□劾逃旷属官以两官箴事。（《增定馆则》卷十三） 九月，工部移文准与修理，银二百五十两。（《增定馆则》卷十四）
崇祯三年（1630年）	考取一等教师四员、一等译字官二员、一等译字生七名，荐送内阁，以备取用。（《增定馆则》卷十四）

◎ 明代四夷馆事记（选自《明代四夷馆研究》）

后来明朝式微，外交、贸易因为战争频发而中断，四夷馆逐渐没落。四夷馆的设立，标志着我国开始有专门从事翻译的机构，有教导培训学生翻译外文的学院。四夷馆推动了民族经济文化的融合，为明朝和番邦百姓带来了安宁。

第二节 明代手工业的发展

明代手工业的生产形态，从大体上讲，还是官府手工业与民间手工业两大块，但是由于商品经济的不断发展，明代的手工业有了一些新变化。官府手工业作坊中，工匠制度逐步瓦解，从“轮作工匠”到“以银代役”，标志着工匠已经摆脱了劳役制度的压迫，手工业者的独立性大大增加了，有了很大的工作自由。手工业组织形式则根据具体情况而定，有相当的灵活性。凡属经常性生产任务的，便有固定的组织机构；凡没有经常性生产任务的，只设临时机构，工作完毕后便解散。

官府手工业对于物料的征集也从原来的实物形态改成了“折色”，意思就是原来要交的物料可以通过上交货币进行抵消，政府用货币向市场购买，适应了商品经济发展的需要。由于大部分物料的征收、大部分工匠的劳役改为征收货币，官府所需要的一部分消费品可以用货币从市场上获得，于是官府手工业的重要性远不如前，规模逐渐缩小。在我国手工业史上，持续了两千多年的官方手工业，从明代便开始显著地衰退，而民间手工业则借助市场的力量日益壮大。

明朝中期，社会经济得到飞速发展，商品贸易活动极其活跃。在一些手工业部门出现了全新的生产关系——雇佣制。其中，江南的丝、棉纺织行业最为明显。当时，江南各地有大批从事丝织业的民间机户。但在激烈的竞争中，机户不断分化，有人积累万贯家财，有人破产无依，不得不出卖劳动力求生存。这种劳资双方仅有劳动力买卖关系的生产关系，是一种不同于以往的新形态。劳资双方没有任何的人身依附关系。这种现象，在造纸业、印刷业、榨油业等行业中均有体现。

相比前朝，明代手工业的技术进步主要体现在以下几点。

一、冶铁技术

明代初期，遵化铁冶所是明代全国最大的官营铁冶场，铁炉日出铁量达千余斤，最盛时（永乐年间）使用工匠和夫役达 2 500 多人。以萤石作熔剂，是明代炼铁技术的一大进步。另有烧炭、淘沙、铸铁等专业分工。嘉靖年间的抗倭名将唐顺之在《武备·前编》卷五中介绍了一种“生铁淋口”炼钢法，将生铁水淋到熟铁制成的坯件上，可增强兵器锋刃的硬度。明代发明的生熟铁串联冶炼工艺极大地提高了生产效率，另外煤炭冶铁也得到了更大程度的推广。

◎“南方挖煤”图（明·宋应星《天工开物》插图）

这一时期，得益于明代商品经济的发展，民营冶铁的规模和技术不仅比前代有巨大进步，同时也处于世界领先水平。广东佛山镇在成化、弘治年间发展成为冶铁铸造中心，形成了一个典型的工业化城市，各种冶铸工人在两三万人以上。万历时期，山西夏县温峪山聚集开采铁矿者六七千人。北直隶蓟州之西，嘉靖时期采矿冶铁聚集万余人。

二、纺织技术

明朝时期，我国的纺织业得到空前发展，纺织品种类大量增加，纺织机器不断出新，纺织工艺也有新的突破。各地博物馆现存的明代纺织品为这一时期的鼎盛提供了可靠的实物依据。

明代一直重视棉、麻、桑的种植，朝廷多次下令推广，并设立了一系列的管理机构，推动纺织业的发展。丝织业方面，除了传统的绫罗绸缎等外，由于织造工艺、加工方法的不同，又生产出了新的品种。而这些丝织品的装饰内容主要有神仙、动物、花草、吉祥文字等，气韵雅致、色彩艳丽，反映了那一时期的人文追求。当时，江南有许多村镇从事丝织业。例如，嘉兴的王江泾镇，“居者可（约）七千余家，不务耕绩”（《明神宗实录》卷三六一）。明弘治时，福建的机匠使用了一种称为“改机”的新式织机，所织成的绸称为“改机绸”，十分有名，所织之纱绸“质细而滑，且柔韧耐久，擅绝海内外”。

◎ 单动式双综机图示（明・邝璠《便民图纂》插图）

明棉纺织业主要有南北两大区，北方集中在河北肃宁一带，南方集中在松江一带。明朝棉纺织品数量巨大，种类繁多。从王公贵族到平民百姓，许多明代墓葬中均有棉纺织品随葬。棉纺织业成为当时最普遍的手工业，是许多农户家庭的副业。纺织业最发达的松江府地区，出现“家纺户织，远近流通”（《农政全书》卷三五）的繁荣景象。

纺织业对于明朝社会具有重要意义。因为随着纺织品的生产流通，明朝社会产生了民间手工业从以个体家庭为单位向作坊式雇工生产的转变，产品逐渐具有了商品属性，而不再仅仅是家庭副业。

◎ 明·缂丝百鸟朝凤图屏

三、陶瓷技术

明代前中期，官窑在景德镇陶瓷业中占主导地位。官窑集中了大批优秀工匠，故制瓷的工艺水平很高，制出了许多传世之作，著名的如宣德年间烧制的“白地青花瓷器”“祭红”等精品。

制瓷工艺方面，如瓷坯的修整、做坯的技巧以及造型上玲珑镂空技术等均得到发展与创新。其中，关于施釉的方法，明代发明“过锈”法，创造了“彩瓷”。彩瓷有“釉下彩”和“釉上彩”之分，它们的区别为：在胎坯上先画花纹而后上釉入窑烧制的是“釉下彩”；先上釉烧制而后加画花纹，再入窑烘烧的，叫“釉上彩”。当时，彩瓷仍以釉下彩为主，著名的青花瓷即属此类。成化年间，又发明“斗彩”彩瓷。到了嘉靖、万历时期，在斗彩的基础上又出现了“五彩”。由于烧制技术的进步，以前无法烧制的大型瓷器，如大鱼缸等，到万历时期也成功地烧制出来。

有明一代，宣德朝瓷器在我国陶瓷发展史上具有很重要的地位。它以古朴、典雅的造型，晶莹艳丽的釉色，多姿多彩的纹饰而闻名于世。与明代其他各朝的青花瓷器相比，其烧制技术达到了最高峰。青花瓷作为我国瓷器名品之一，其成就更是被称颂为“开一代未有之奇”。

◎ 明洪武·釉里红缠枝牡丹纹碗

四、造纸与印刷技术

据《天工开物》记载，明代浙江、江西、福建、安徽等省份都有大量“槽房”存在。这些“槽房”，即造纸手工业作坊。其中产出不少名品，尤其以福建、浙江、江西三省交界处山区的“竹纸”和产于安徽宣城、泾县和宁国一带的“宣纸”最为出名。竹纸是以竹为原料所造的纸。据宋应星的记述，须取嫩竹，经过用水浸泡（需百余日）、捶洗等“杀青”过程，得到“形同麻枠”的竹穰，再经过石灰蒸煮、清水漂洗、草木灰淋浆等化学处理过程，然后经过舂细、入槽、抄出、压平、焙干等一系列工序，才最终制成。

这一时期，河南开封、浙江杭州等地出现许多民间书坊，南、北二京以及苏州、徽州等地也兴起新的出版中心。明代印书仍以木刻雕版为主，但中后期活字印刷有所发展。木活字、铜活字、锡活字、铅活字都曾加以应用，其中以铜活字的应用较为广泛。明代的印刷，不仅在印书的数量和品种、印刷的体系和分布等方面大大超过了宋元时代，而且在印刷技术和工艺方面，也有了发展和创新。一般认为，明代是我国古代印刷业和印刷技术发展的高峰。

因造纸术、印刷术不断革新，明代成为我国传统图书出版的黄金时期。据《明代出版史稿》统计，有明一代，图书出版达三万余种，远远超过之前宋元时期的出版量。宋元时期印刷的大部分书籍，特别是儒家典籍，在明代都有翻版或重新雕版印刷，有的一种书还出现不同的版本。

明代的图书出版，和前朝大致相同，主要有官刻、家刻和坊刻三大类。明代官方图书出版机构近三百家，中央刻书机构有二十余家。其中，内府和国子监刻书量最多。

明朝时期，许多地方政府都会刻书，记载当地风俗人情，形成了“天下藩镇州邑，无不有志”的盛况。据统计，明代编修的地方志共三千余种，远超宋元。地方志的出版，既满足了当时政治、军事的需要，也有利于传承文化、教化风俗。如今，这些地方志是研究地方历史和文化的重要资料。

明代家刻技术高、质量好，贡献尤著，可谓出版界的良心。能够进行家刻的人家，大多是望族。他们大都拥有丰富的藏书，勇担社会责任，不以经济利益为目的，注重善本且精加校勘，讲究纸墨精良，因而所刻之书质量很高。例如，苏州袁褧嘉趣堂所刻大字本《六臣注文选》，勘校历时 16 年之久，足见其态度之审慎。

坊刻是明代出版业中规模最大的，特别是到了明中晚期，坊刻已超官刻和家刻。从地域分布上看，杭州、南京、苏州、北京等都是书坊的集中地。在这些印刷集中的地方，已经出现了较为明确的分工，每道工序各司其职。过去自印自销的生产方式，已被专业的书商所代替。

坊刻以营利为目的，以市场为导向，自由度大、活力足、刊刻快、内容丰富，经书、医书、文集、童蒙读物、小说、日用类书等无所不刻。大规模廉价图书的出版，使得书籍成为较为普及的居家用品。据相关研究者统计，明晚期坊刻通俗小说三百余种，包括《三国演义》《水浒传》《西游记》等名著；明代版刻杂剧四百七十余种，传奇二百七十余种。同时，插图本、套印本的流行给读者带来了全新的阅读体验和思维想象。总体来说，明代书籍的普及程度，超过了历史上任何朝代。

◎《西游记》插画

◎《西游记》插画

五、造船技术

明朝时期，我国造船技术和工艺取得很大进步，达到了古代造船史上的巅峰。明初官营造船业十分发达，南直隶龙江、辽东金州、广东广州、福建漳州等处均是著名的造船基地。

明朝造船已经实现了规模化生产。例如，南直隶龙江造船厂就是工部直属的战船建造工厂，工厂的工匠大多是招募自浙江、江西、湖广、福建等地的居民，人数约有 400 余户。他们被编成四厢，每厢下编 10 甲，每甲设甲长 1 人，管理 10 户工匠。此外，工厂还将造船工匠送到其他部门承担劳作，如充内官监、御马监等，共计有 170 人。龙江造船厂规模大，组织有序，指挥顺畅，分工明确，制度严密，要求严格，是当时我国建立的典型的车间式大型舰船建造厂。

◎ 锤锚图

明朝造船还有一特点是数量多。以永乐年间为例，这一时期建造的船，主要用于出使西洋、备倭、运输等方面。永乐年间，明朝同东南亚国家的交往日渐增多，需要建造更多的战船，满足组建远洋舰队的需要。至宣德八年（公元 1433 年），前后共组织 7 次远洋航行。其舰队规模蔚为壮观。在此期间，明朝廷多次生产专为出使西洋的战船。据不完全统计，永乐年间建造的战船多达 1 200 余艘。

与宋元时代相比较，明代有多种关于船舶、船厂的著作问世。这些著作，在船舶的形制及其法式方面，叙述更加细致和深入，并且附了很多图片，对船舶的生产量以及用料、用工及造价等记述颇为详尽，对船厂的生产管理也有记载。从这些文献可以看出明代造船技术的进步与成熟。

民间造船业自明中期以后迅速崛起，其中不少工匠来自官船厂，这使得民间船厂可以大量运用官船厂的高超技术。

第三节 明代的技术技能教育

明初时期，朱元璋虽然沿用了元代的匠籍制度，但还是有一些改变的。例如，其允许上京城服役的工匠在完成官府安排的工作之后，其余时间可以自己支配。工匠在一定程度上获得了自主营生的自由。这无疑是民生的改善与社会的进步。

到了洪武十九年，大明正式确立工匠轮班制度。通俗地讲，就是政府根据工匠的人力状况，规定三年为一班，定期到京城服役，以住地远近来排班次；政府制定用工凭证，工匠按期领取凭证到南京的工部去报到，听从工部的具体用工安排，从事劳作。完成服役的工匠，其家剩余徭役一律免除，这就是“轮班制”。

明朝中期，随着官营手工业衰落，匠籍制度逐渐瓦解，被“以银代役”制度取代。“以银代役”意思是工匠可以缴纳一定的税款，免除服役劳作，政府可以用税款雇佣在京工匠进行劳作。这种制度的实行，代表着我国延续了两千多年的工匠徭役制度得以废除，手工业者摆脱了匠籍的束缚，获得人身自由。这种“以银代役”制度是一种巨大的进步，对于朝廷来说，新的税种增加了财政收入；对于工匠来说，花钱实现自由，为社会发展提供了丰富的人力资源。

因此，明朝后期，大多数手工业都摆脱了官府的控制，成为民间手工业。工匠流入民间后，采矿、铁器铸造、制瓷、造纸、丝织、棉布加工、榨油等行业的民营手工业快速崛起，带来了商品经济的繁荣。

◎ 明·仇英《竹院品古图》局部

手工业的发展变化，必然带来技艺教育方面的转变。这一时期，明代技术教育培训呈现出以下几个特征。

一、官府工匠技艺培训的衰弱

明初继承元代工匠管理制度，官方工匠的技艺培训制度也没有太大变化。但是，在“轮班”制度和“以银代役”制度推行以后，技艺培训产生了新的变化。尤其是“以银代役”制度广泛推行后，在官府中做工的工匠除少数“住坐匠”外，基本都是来自民间技艺世传的自由工匠。这也意味着官府减少了对工匠技艺的培训。

在明代，官府中的技艺培训，更多的是针对军匠和充匠罪犯（或罪犯家属）而展开的。如《皇明纪略》中曾记载：“建文中，奸臣正犯已受显戮，其家属初发教坊、锦衣狱、浣衣局，并习匠为功臣奴者，悉宥为民，给还田土。”这是罪犯家属被送到相应局坊学习工匠技艺的情况。另外也多有军匠习匠艺的记载，如《明会典》记载，洪武二十年（公元 1387 年），“令天下都司卫所、各置局，军士不堪征差者，习弓箭、穿甲等匠，免致劳民”。可见，官府中依然有专门教授技艺的部门和老师，否则这些罪犯家属和军匠习艺就无从谈起。

二、民营手工业对工匠技艺培训制度的细化

除了传统的家学世传以外，明代民营手工业对工匠的技艺培训还有了新的变化，即行会师徒传承制度越来越普遍和规范。在明代中叶以后，民间手工业经济繁荣发展，行会系统也越来越庞大，所涉及的行业管理和规约内容也越来越细致。其中，师徒传承制度更是作为行会管理内容的重要方面逐渐规范下来。行会制定的行规对拜师、入学、学习到出师整个过程有严格的规定和限制。单就拜师来说，学徒拜师前要有保人推荐，保人即所谓的介绍人、担保人。徒弟入师门时，还要签订专门的“投师文约”。“投师文约”相当于徒弟对师傅的一种保证与承诺，一般包括学习年限、学习内容、学习费用等方面的内容。行会对徒弟学习年限也有细致的规定，学习年限一般为三年。

需要指出的是，这种行会师徒传承制度与家学世传并没有完全割裂。很多时候，两者是相互融合的。例如，明代纺织业的行会规定了徒工制度，但是仍然倡导手工技艺尽量要父传子继，“不论店间工司，就地父传子业，亦以满师例”“子承父业，或长或嫡，以亲生一人照满师例，其余亦可向公所报名入行”，普通徒弟要学习三年，准许亲生儿子一人免去学徒期，其余子侄学艺则与普通徒弟的待遇相同。在官方和行会看来，儿子有学徒和开业上的优先权，父传子业有着天然的正当性。

三、技术传授更加专门化

明代手工业分工细化带来技术传授的专门化。明代造纸作坊规模很大，一般为一两千人，内部分工细致，技术传授活动也越来越细化。例如，制瓷工艺包括取土、练泥、镀匣、修模、洗料、印坯、镟坯、画坯、荡釉、满窑、开窑、彩器、烧炉等数十道工序，每道工序需要不同的工种协同完成，行业生产知识与技能在民间迅速普及。商品流通领域的扩大要求手工业者对各个生产程序进行技艺总结和交流，相关书籍如《镜史》《园治》《盘珠算法》《算法统宗》《木棉图说》等开始出现，成为当时传艺活动的教材。

◎ 五彩莲池鱼藻纹罐

四、商帮的形成与商业思想传播

明代农业和民营手工业的发展促进了商业的繁荣发展，民间开始出现资本主义萌芽。明代商业技能传授活动和商业思想传播比宋元时期更为活跃。此时，商帮作为商品经济发展到一定成熟阶段的产物，在明朝中后期开始出现。

从明朝中叶开始，随着商品经济的纵深发展，从事商业的人员不断增加，形成一个数目庞大的群体。这些群体不仅仅局限在某一区域，而是遍布全国各地，且涉及的行业也多种多样。商品经济的高度发展成为商帮出现的首要背景。商帮出现的另一个重要原因是商人为了更好地维护自己的利益。随着商品经济的发展，商人之间的竞争越来越激烈，为了维护自己的利益，规避内部恶性竞争，大部分商人以地域文化等为纽带，设立会馆作为聚集地，形成了相互帮助、相互扶持的社会团体。商帮，就在这特定经济、社会背景下应运而生。

商帮人员的存在绝不仅仅是经济发展带来的，反而更类似于一种与经济打交道的文化群体。以明清时期著名的“晋商”“徽商”为例，他们大多来自名门望族、饱读诗书，依靠世袭发展起来，从而具有一套经商哲学和深广的商业文化以及义利相通、修身正己的文化观，形成了“学而优则贾”的传统。他们的商业教育往往分为商业道德教育和商业家庭教育。商帮的经营活动通常在宗族的管理下进行，同族人一起结伴经商，拥有血缘纽带的商人将这些商业教育在宗族内传递并且垄断。

此外，也有一些成功的商人把自身成功的经验记录成相关的书籍留给子孙后代，供他人阅读。这些书籍促进了商业知识的繁荣，大致可以分为三类：第一类是着重记载各地水陆交通，如黄汴的《一统路程图记》等；第二类是交通线路和商业规范经商经验，如程春宇的《士商类要》等；第三类为经商之道，如李晋德的《客商一览醒迷》等。大量商书的刊行实现了商业知识的累积和传播，同时这些流传四方的商书也成为对商人子弟、门徒进行商贾技能教育的教材。

第四节 西方科技对明代技术技能教育的影响

从明万历中期至清康熙前期，史称明清之际，是我国历史上“天崩地解”的大动荡时代。这一时期，无论是在政治、经济领域还是在思想、文化领域，旧的传统思想观念与新的价值理念都发生了激烈的冲击和碰撞，从中诞生了对程朱理学与陆王心学进行猛烈抨击、提倡经世致用学说的实学思潮。晚明传教士来到中国，意图传播基督教，无意中充当了中西文化教育交流的主要媒介，顺应了明末实学教育思潮的兴起。

1582 年，意大利传教士利玛窦乘船到达广东。1601 年，利玛窦身穿儒服到北京朝见万历皇帝，揭开了“西学东渐”的帷幕。利玛窦在京居住十年，连续译著《几何原本》《乾坤体义》《测量法义》《万国舆图》等二十余种自然科学图书。明清时期比较著名并掌握一定科学知识的传教士有汤若望、南怀仁、艾儒略、熊三拔等人，他们都与在朝做官的士大夫如徐光启、李之藻等人来往。汤若望、南怀仁等人先后担任过钦天监监正的职务，参与过明末清初修改历法的工作。他们介绍了西洋历法，编制了天文计算表，引进了望远镜等天文观测仪器，协助培养了一批精通西方历算的人才。这一时期，一些西方的科学著作和介绍西学的著作不断出现：1607 年，徐光启与利玛窦合译《几何原本》前六卷正式出版；1613 年，利玛窦与李之藻二人合译《同文算指》；1632 年，最早的中西文辞典《西儒耳目资》在杭州初刻；1629 年，由李之藻编纂的中国第一部全面传播西学的丛书《天学初函》在杭州刊出；1631 年，亚里士多德的逻辑学名著《名理探》也在杭州出版。

◎ 利玛窦与徐光启像

西学进入，给明末时期的社会带来各方面影响。尤其是在教育方面，一定程度上改变了人们的教育观念。

一、从教育目标上来看

传统教育主张培养重德性的伦理型人才，而西学则主张培养经世致用人才。西学的这一主张与明清之际的实学思想在某种程度上契合，两者相互融合，为当时的人才培养提供了全新的方向。

二、从教育内容上来看

传统教育主要以四书五经为主，科举考试也多以八股取士，自然科学在传统教育中是没有地位的。西学带来了人文科学与自然科学等多方面的知识，促使先进的国人从不同的方面考虑问题。这些西学内容部分改变了传统教育。例如，数学等一些被儒学大家认为是“微末之技”的学科知识开始进入传统教育，为我国实学教育提供了新思路。我国古代有着丰富的数学科学体系，但数学教育发展一直磕磕绊绊。究其原因，就是因为这些学识在当时被认为不入流而备受歧视，只能作为一种业余爱好或者家传之学。不得不说，这是我国传统教育的悲哀。

三、从教学方法上来看

传统教育注重灌输，主张多背诵。即使是科学研究，也讲究师承。西学东渐，给传统教育提供了新的教育方法，开拓了教育新领域。例如，直观性教学、重视逻辑思维、主张科学实验等教学方法得到先进知识分子的提倡。实学教育家方以智通过系统研读西学，体悟到“万历年间，远西学入，详于质测而拙于言通几（哲学）”。方以智从理论高度上肯定“质测”的重要性，他认为，“质测即藏通几者也”。方以智的这种实践精神摒弃了虚玄的学风，既有我国传统教育中重治人、重实学的一面，也有受西学科学思维影响的一面。

在实际工作中，一些实学教育家开始强调动手实践能力。徐光启就在自己主持工作的过程中，注重培养自己学生的实际操作能力，让他们一边工作、一边学习，在实践中寻找真理。

四、从教育理论上来看

传统教育的一大弊端和局限就是知识面狭窄，太偏重德性，忽视自然知识。尤其是宋明理学、心学、考据之学的兴起，更是严重束缚了学生的思想。西学的传入带来了一丝全新空气，动摇了我国传统教育的理论基础。西学重视个人功利需求，提倡科学的功利价值，这与我国传统教育背道而驰，给我国传统教育思想带来了一定冲击。从后世角度看，我国传统教育有优点，也有缺点，但整体教育思想和教育理论的落后，才是我国无法形成科学技术体系的主要原因。

总体来说，明清之际，西学的传入对我国传统教育空疏的弊端带来了冲击，给我国先进知识分子造成了巨大震荡。虽然“西学东渐”没有彻底改变当时我国社会文化教育的局面，但它给我国的自然科学观念、文化教育思想、教学内容、教学与科研方法等方面都带来了一定程度的变革，直接和间接地促进了我国传统社会观念与教育思想的发展。

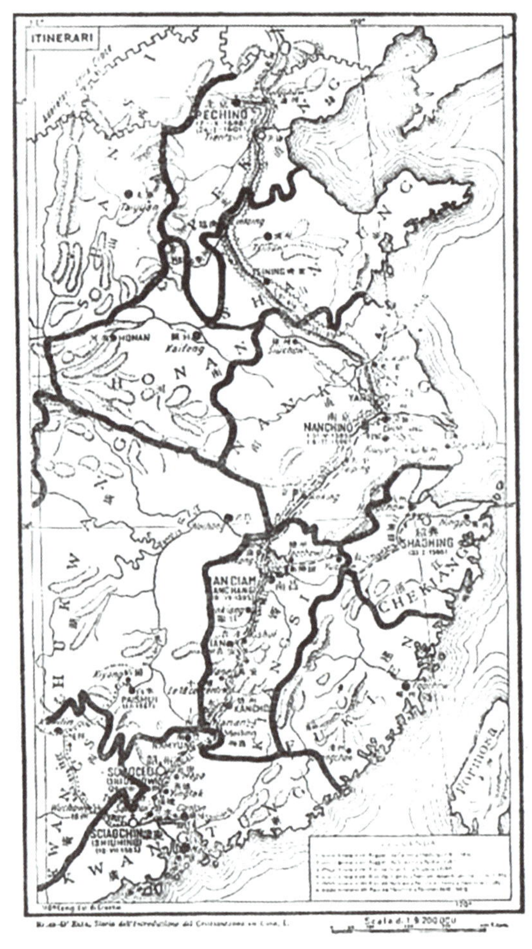

◎ 利玛窦中国行程图

必须指出的是，传教士的特殊身份决定传教士来华的使命不是传授科学知识，而是从精神信仰上征服世界，扩展在华的传教事业，这在本质上与西方殖民主义者海外经济扩张互为表里。我国传统文化是以儒家为尊的世俗性文化，决定了中华民族的宗教观念淡薄，也决定了宗教难以与皇权结缘的历史命运。历史上，多次的灭佛运动都证明了这点。

西学以西方文化为基础，随着“西学东渐”的深入，中西方必然会在思想文化领域引起极大冲突。明清正统士大夫因有“夷夏大防”传统观念作祟，担心西方传教士带来的“技巧”会导致“以夷变夏”，破坏祖先立定的规矩。且在他们看来，西方的天文、历法、数学无论怎样高明，只不过是一些“奇技淫巧”，对于以修身为本位的传统教育来说，没有丝毫的益处。因此，能够接受西学的士大夫是少数，更多的人则是冷眼旁观、使绊讥讽。封建社会最高统治者对传教士的开明忍让，也只限于他们不触犯封建王朝的根本利益，绝不允许他们以邪教蛊惑人心，威胁帝国的安宁。例如，明末崇祯年间，政府宽容传教士的存在是因需要利用传教士天文知识修改历法，利用传教士的关系购买火炮等，绝非出于对其传教内容的认同。

传教士对我国文明的理解和接受程度也决定了其成败。利玛窦在我国生活多年，深受儒家影响，一直提倡“补儒”方针，把教义与儒家结合起来。但这种行为，在教廷和其他传教士看来，简直匪夷所思，大逆不道。利玛窦死后，来华的传教士就主动挑起“礼仪之争”，禁止我国传统的祭孔、祭祖、祭天等礼仪，反对“补儒”方针，主张严格恪守基督教教义进行传教。这样，利玛窦改造儒学的梦想最终破灭，禁止礼仪意味着双方文化适应的终结。礼仪之争的最终结果是加剧了朝廷对外国人的猜忌，传教士失去了士大夫的支持，传教行为被明令禁止。我国在对待西学和传教士方面，开始向“夷夏大防”的传统观念回归。

第八章 清代的技术技能教育

清朝作为我国最后一个封建王朝，尽管曾经出现过如“康乾盛世”那样的巅峰状态，但其内部也不断积累与孕育着深层的矛盾。清朝前期，几代帝王首重吏治，保证了清朝在一段时间内的繁荣与稳定。然而，两次鸦片战争以后，以坚船利炮为代表的西方工业文明战胜了古老的农业文明，封建时代小农经济开始瓦解，传统手工业受到大规模工厂生产的全面冲击，社会各阶层都面临着严峻挑战。为了应对这种状况，先进的国人开始引进西学，创建新式学校，从教育思想、教育制度和教学内容等方面，对传统教育进行全面改革。我国职业教育的近现代化发展由此拉开帷幕，一路跌跌撞撞，蹒跚前行。

第一节 清代的专门学校

清朝政治专制，吏治严格，经济恢复，民族冲突得到缓解。清朝统治者推行“首崇满洲”“满汉并用”的政策，奖励垦荒、招揽流民，稳定社会秩序，根治黄河水患，疏通运河，兴修水利，多次减免捐税，社会经济有所发展。在文化教育方面，清代初期大肆销毁古籍以及剃发易服等措施在一定程度上割裂了汉族的文化传统。之后的康乾时期，官府组织编纂了几部集大成之作如《四库全书》《古今图书集成》等，对清理和总结我国历史文化遗产做出了积极贡献。然而，由于长期的文化专制以及对科学技术轻视，导致清代科技只在历法、医药、建筑等传统领域有所发展。

清代专门学校发展极为缓慢，基本处于衰落状态。这一时期存在的专门学校主要有算学、天文历法以及医学。这些领域由于西方传教士的影响出现了现代科技因素，以致影响了科举，出现“特科”以及“科技幕僚”现象。

一、算学专门学校

在明朝一度衰落的算学到清朝又重新兴起。早在康熙九年（公元 1670 年），清廷已设置算学。康熙五十二年（公元 1713 年），在畅春园的蒙养斋设立算学馆，教习 16 人，算学生约 30 余人。《钦定国子监志》记载：“简大臣官员精于数学者司其事，特命皇子、亲王董之，选八旗世家子弟学习算法。”学时规定“未时起，申时止，学习算法”。乾隆四年（公元 1739 年），算学改属国子监，称国子监算学，扩大了算学规模。乾隆十年（公元 1745 年），钦天监将学生中的 24 名分配到算学馆“附学肄业”。这样，算学馆学生名额增加到 60 名。后来，由钦天监兼管算学。这种体制有助于数学为天文、历法服务，但却阻碍了理论数学的发展。因此，尽管清代恢复了中断已久的官办算学，统治者也重视算学教育，但其由于归属国子监管理，仍不是一个独立的系统。算学教育的目的是为钦天监培养天文生，并未实际推动我国数学的发展进步。

清代的算学教职人员由皇帝选择一名管理大臣负责，另设七品助教 1 人，由钦天监博士或算学教习考选补用，教习人数因需设立。例如，康熙时算学馆有 3 名教习和 3 名协同分教。雍正十二年（公元 1734 年），增设算学教习 16 人。算学教习在职任教三年或五年期满，如若满五年则奏明吏部议叙或晋升等级。据《钦定八旗通志・学校志五・算学》记载，算学教习是没有俸禄的，每月只有少量廪饩，可见算学教习地位之低下。

二、天文历法专门学校

钦天监是清代天文历法专门学校，主要工作是编著历书、制造精密天文仪器和编撰仪器说明、编著全天星表专著等，同时担负培养天文学人才之责。

钦天监设有多个门类。例如，清立朝之初，设有宪科、天文科、回回科、漏刻科。但是在顺治十四年（公元 1657 年），朝廷下令，回回科因“推算虚妄”被裁撤，添设主簿厅和助教厅。到了康熙年间，又根据现实情况，增设了满洲官员和一些其他岗位。

钦天监的招生规模在百人左右，教学内容是算学和天文历法。钦天监制定了严格的考核制度来确保从事天文工作人员的专业素质。《大清会典则例・钦天监》规定：“本监官生三年考核一次，术业精通者，保题升用。不及者，停其升转，再加学习。如能黾勉供职，即予开复。仍不及者，降职一等，再令学习三年，能习熟者，准予开复，仍不能者，黜退。”钦天监的学生主要来源于算学馆的肄业生以及钦天监职官的家传子弟，其研习层次高于算学馆，形成了所谓的二级培养体制，造就出知识和技术更为扎实的专业人才，这是清代天文历法技能教育的新发展。

钦天监承担了繁重的天文观测、数学计算和星图绘制等任务，为天文生、算学生提供了学习和实践的机会。清廷重视任命精通科学的官员担任科技专门学校的教职。例如，一代数学大师明安图曾长期就职钦天监，数学家陈杰任钦天监博士、国子监算学助教等。西方传教士对天文学传播影响巨大。清前期的汤若望、安文思、南怀仁、郎世宁等人都掌握一定的科学知识。康熙年间，随白晋来华的法国人马若瑟、雷孝思、巴明多等传教士也都是精通天文、历算、舆地、医学等专门知识的人才。这些西方传教士常常身居高位，对引导推动我国天文学的发展起到非常大的作用。例如，汤若望曾任钦天监监正，有近百位传教士在钦天监任职，其中 20 余人担任过监正或监副。

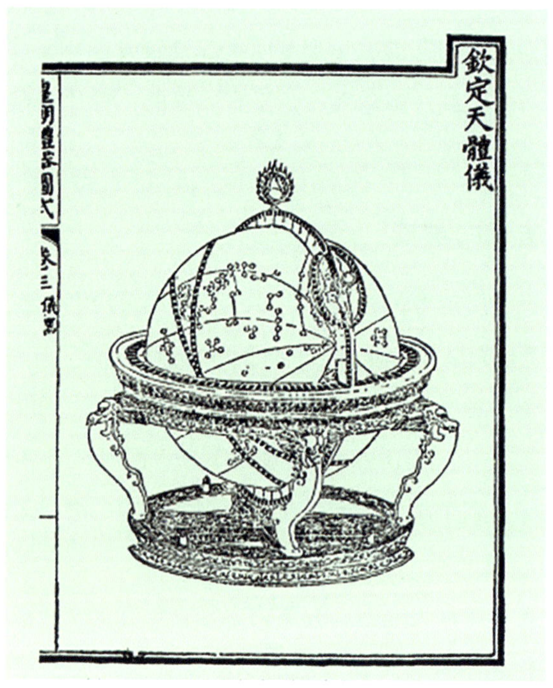

◎ 1673 年，南怀仁为北京观象台制造的天体仪

三、医学专门学校

清代的太医院除了负责皇亲贵胄的健康保障外，还承担着掌管中央医学专门学校职能。鸦片战争以前，清太医院沿袭明朝旧制，以医事为主、教职为辅。顺治元年（公元 1644 年），清廷设太医院为独立的中央医事机构，主要为皇帝一家及宫内

人员诊视疾病、配制药物，同时也担负其他医药事务。太医院最初设院使一人（正五品），左右院判各一人（正六品），掌管太医院事务。其下设御医 10 人、吏目 30 人、医士 40 人、医生 20 人、切造医生 20 人，分掌所属事务。医学教育方面，太医院设教习培养医官人才，又分为内教习与外教习两种，内外教习再各设教习 2 人，从御医、吏目中选品学兼优者充任。内教习住在东御药房，教授药房的太监学习医书。外教习教授初进太医院教习厅肄业生及医官子弟学习医学。到太医院学习的生源，通常要经六品以上同乡官员推荐，满人同样需要推荐，并由本院医官作保，由首领官面试，粗知医理，且通晓京话，合格者方可入学，称为医生。入院学习后，称为肄业生。一般肄业生学习 3 年期满，由礼部堂官来主持考试，合格者标为医士，不合格者继续肄业，以待再考。凡肄业一年以上，经季考 3 次，名列一等者，遇粮生有缺，可呈报礼部递补，不再考试。由此可见清代太医院管理细致严苛，这点在许多影视剧中均有反映。

医学专门学校的教学内容主要是《内经》《本草纲目》《伤寒论》《金匮要略》，后来又增习《医宗金鉴》。

四、地方医学与民间医学家传

清代地方医学规模很小，府州县三级均是各由一名人员负责。雍正元年（公元 1723 年），朝廷下令，命各省考察所属医生，从中挑选一名精通医书者，去当医学官教习。如果表现良好，可以被太医院录用，成为御医。这是清代地方医学为数不多的考核与激励政策。

在清代官办医学教育趋向衰弱的形势下，具有悠久传统的民间家传与师徒相授成为主要的医学传承形式，造就出不少医学名家。由于清朝考据风气盛行，不少医家对重要的古典医籍进行了大量的考证与注释工作。同时，医家撰写个人专著亦成为时尚，因此陈述自己的医学见解、对疾病诊治总结的医书空前增多。例如，清代著名医家张志聪对《内经》《伤寒论》《神农本草经》颇有心得，现存医著有《素问集注》《灵枢集注》《伤寒论宗印》《金匮要略注》《侣山堂类辩》《本草崇源》《医学要诀》等。其在杭州胥山（即吴山）开办侣山堂，召集同道、弟子数十人，讲论医学，目的在于研究中医学术之同异，辨其是非。《侣山堂类辩》是张志聪汇集同道及弟子在倡山堂研讨中医学术、医理的文集。这种讲论结合的教学形式是中医医学教育民间授徒形式的一大发展。

江苏吴县人叶天士著有《温热论》《叶天士医案存真》《未刻本叶氏医案》《医效秘传》《叶氏医衡》《叶氏名医论》等，后人称其为“仲景、元化一流人也”，为温病学派的奠基人物，对儿科、妇科、内科、外科、五官科无所不精。叶天士的儿子叶奕章、叶龙章也都是著名医家，江南医家吴鞠通、章虚谷、王孟英等皆为他的弟子。

薛雪是与同郡叶天士齐名的医家，曾选辑《内经》原文，按阴阳、藏象、论治、疾病等分为十四类，约取诸家注释，并加入个人体会，编为《医经原旨》，又著《湿热篇》，为论湿热病之专著。

黄元御作为尊经派的代表人物，曾担任乾隆皇帝的御医。著有《伤寒悬解》十五卷、《金匮悬解》二十二卷、《四圣悬枢》四卷、《四圣心源》十卷、《长沙药解》四卷、《伤寒说意》十一卷、《素灵微蕴》四卷、《玉楸药解》四卷、《素问悬解》十三卷等，其医学理论对后世医家影响深远。

第二节 鸦片战争前清代手工业的发展及技术技能教育

清朝建立初期，社会手工业基础在战乱中已被破坏殆尽。例如，号称“买不尽松江布”的松江一带，也出现“商贾不通、民无生业”的萧条景象，“所存仅颓房几间”。其余如四川的井盐生产、景德镇的陶瓷业，也都陷入全面瘫痪状态。

为恢复手工业生产，清廷采取了多种措施。

第一，顺治皇帝时期，清廷宣布“除豁直省匠籍，免征京班匠价”，直接宣告了匠籍制度的正式终结，取消了匠户和其他户籍的界限。随着匠籍制度的消亡，传统的官方工匠技艺培训制度也正式退出历史舞台。民间手工业成为社会商品的主要来源。

第二，废除了官营采矿和国家对井盐生产的垄断。这两项对社会生产的恢复起到了重要作用。

第三，康熙统治时期，商业思想更加开放，主张“利商便民”，推行了一系列有利于工商业发展的政策。例如，在纺织业方面，取消了过去对机户织机数量的限制，江南市镇出现了一批拥有雇佣劳动者的大型作坊。

因此，从清初到鸦片战争前，清朝的手工业得到了飞速发展。其中，纺织业、陶瓷业、采矿业、制糖业等最为明显。

这一时期，棉纺织业成为手工业中的主要代表。当时的棉纺织业无论在工具、分工和生产规模上较前期都有明显的变化。在一些著名生产地区，如松江，已普遍使用加长的木弓和多锭的脚踏纺车，大大提高了弹花和纺纱的效率。棉布的织造、染色和平整等工序的分工越来越细。棉布的品种增多并往往具有产地特色。乾隆时，无锡也盛产棉布，“坐贾收之，捆载而贸于淮、扬、高、宝等处，一岁所交易，不下数十百万”，有“布码头”之称。

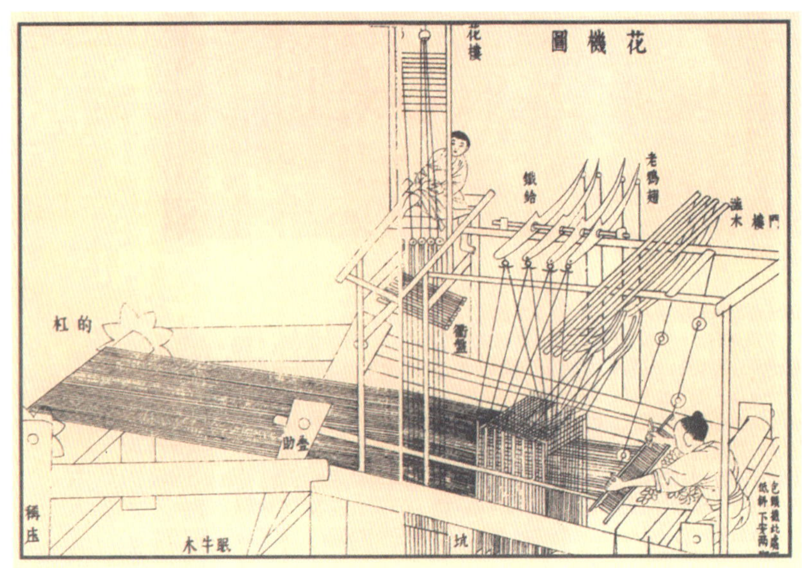

◎ 花机图

◎ 清·宝蓝地金银线绣整枝荷花大镶边女氅衣

丝织业的生产工具在雍乾时期也有了改进。缎织机的构造，已改进到可牵引

9 000 根经线，甚至达到 17 000 根经线。江南许多市镇，已从农业和手工业结合发展为专业生产的市镇。例如，到乾隆时期，吴江的盛泽镇已经全民参与丝织，即使家中幼童也常常参与挽花。

在偏远的贵州，丝织业也得到很大发展。道光时，贵州遵义绸“竟与吴绫、蜀锦争价于中州”，秦、晋、闽、粤各省客商竞相购买贩运。

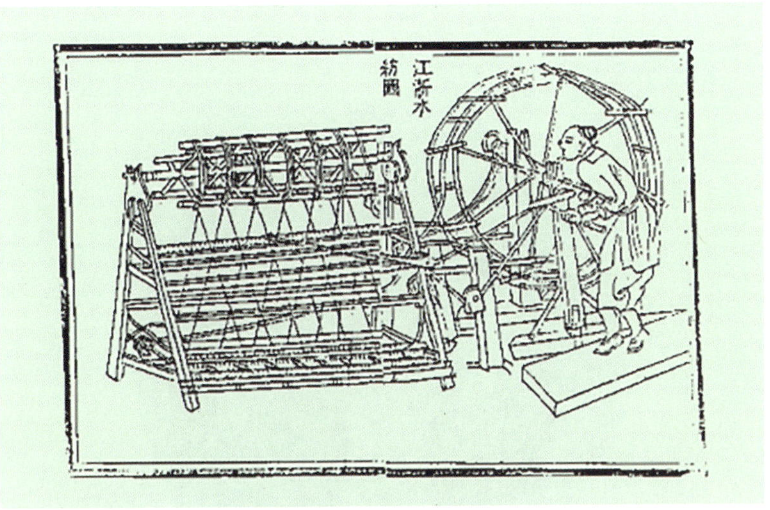

◎ 江浙水纺车（清 · 卫杰《蚕桑萃编》插图）

◎ 清 · 宝蓝地水仙花纹绦局部

陶瓷业的制造工艺在康熙时又有进一步发展提高。明代的“吹釉法”，到雍乾时已普遍推广。同时，窑户之间按产品类别的分工越来越细。例如，青花瓷坯，不仅有画、染之分，而且边线青箍、识铭题记也各有专工。分工的细腻，大大提高了工匠技艺，从而创造出具有很高审美价值的青花瓷。

此外，山东临清、江苏宜兴、广东佛山的陶瓷也很出名。广州商人还建立了广彩加工厂，用景德镇烧造的白瓷，按西洋画法，施以彩绘，经烘染制成彩瓷，卖给西方商人。

◎ 清雍正·景德镇窑粉彩过枝桃蝠纹盘

采矿业，特别是铜、铁矿的开采在雍乾时发展尤为迅速。乾隆朝时，云南铜矿由康熙末年的17处发展到46处，扭转了自清初以来铸钱用铜几乎全部从日本进口的局面。冶铸业，数广东佛山镇最发达。佛山在明末即有“俗善鼓铸”之称。乾隆朝时，各地多有将生铁运至佛山炼为熟铁，再铸成成套精良铁锅运销国内外市场的情况发生。

清代制糖业也较发达。清代初期，广东番禺、东莞、增城、阳春等地开始大面积种植甘蔗。这些地区开糖房的人占到当地人口的一半左右。乾隆朝时，这些地区已普及到“每冬初，遍诸村岗垄皆闻戛糖之声”。台湾的台南、凤山、嘉义等地区的蔗田面积最大，甘蔗产量最多。由于台湾制糖业发达，这里的资本主义萌芽尤为明显。

此外，制茶、制烟、造纸、制盐等手工业也有很大发展。手工业的发展，除了政策原因，也与其自身传承密切相关。

由于官营手工业的衰弱，清代的技术技能教育实际上分为两部分：一是农业技能教育，主要由官方组织推广。清朝统治者极其重视农业，地方官员也致力于农业技术推广，农书的数量与种类超过前朝。二是民间学徒制教育。清朝前中期手工业生产比明朝更加发达，手工业生产者之间形成了行会组织，手工技艺的传承也随之产生了严格细化的学徒制。

一、农业技能教育——劝课农桑

清代的农业生产十分发达，历代帝王普遍关心农业生产。康熙帝在位期间，清政府奖励垦荒屯田，使耕地面积扩大。其还重视兴修水利，多次减免租税。各省因地制宜，采用多种种植方法，使粮食产量大幅度提高。高产作物甘薯的种植，由福建、浙江等省推广到了长江流域和黄河流域。经济作物桑、茶、棉花、甘蔗、烟草等种植面积扩大，出现了桑秧业、蚕种业、柞蚕业、烟草业、养蜂业、鱼苗业、花卉业等新的产业部门，丰富了农业生产的内容，扩大了农业生产的范围。

（一）帝王劝农

清朝历代帝王基本奉行重农劝农政策。康熙皇帝认为“王政之本在于农桑”，下令重订《劝垦章程》，对于士人百姓，规定“贡监生员民人垦地二十顷以上，试其文义通顺者以县丞用，不能通晓者以百总用。一百顷以上，文义通顺者以知县用，不能通晓者以守备用”。

帝王劝农的另一个表现是以“耕籍礼”重农劝农。清代规定每年仲春亥日举行“耕籍礼”，皇帝亲自参加祭天祀地活动。清代历时二百六十余年，共祭先农和亲耕二百四十余次。其中乾隆皇帝在位六十年，亲耕和观耕达五十八次。

（二）地方官员劝课农桑

清代地方官员把推广优良作物品种、推行先进农业种植技术等作为管理属地的重要职责。乾隆七年（公元 1742 年），罗江知县沈潜对县境农桑耕织大力推广，多有建树。因罗江农民不知蚕事，沈潜特作《蚕桑说》一文以劝导之，当地蚕桑业由是得以兴起。乾隆十九年（公元 1754 年），石泉县知县姜炳璋注意到邻县江油、安县等擅长种棉花，但石泉农民称风土不宜而不能种。为此，他指示各乡发挥本地优势试种邻县的成功产品。乾隆三十年（公元 1765 年），江津县令遵照督府劝民之令，将种植技法晓示于民，“山傍河岸，沙性之土，种棉最宜……津民农事颇勤，独桑棉之利，尚待兴起”，并深入田间加以技术指导。据各地方志记载，清代地方官员劝农实例不胜枚举。

（三）农业著作和农业技术传播

清代农书包括官修农书和私修农书，内容除农作物外，涉及花卉、蚕桑、果蔬、牧医、虫害、气象、水产等，以蚕桑及花卉的专门农书为最多数。清代农书关于实用操作技术的内容更加丰富、详细，远超前代。

清代官修农书主要有《授时通考》等。《授时通考》是乾隆皇帝组织编纂的，各省大都有复刻，流传很广。《授时通考》搜集文献 427 种之多，远超过《齐民要术》的 157 种和《农政全书》的 225 种。

清代私修农书种类繁多。雍正九年（公元 1731 年），时任成都知县的张文梵编成《农书》，约 2 200 余字，共分 9 目，依次为：岁所宜谷、养谷种、播种之时、耕犁、疏耙、锄耘、粪壤、水利、牧牛。另有包世臣著《齐民四术》、屈大均著《广东新语》、杨屾著《知本提纲》、蒲松龄著《农桑经》、胡炜著《胡氏治家略》、程瑶田著《九谷考》、方观承著《棉花图》以及陈世元著《金薯传习录》等。民间私修农书是作者在总结实践经验基础上编著的，具有很强的指导意义。

二、手工业行会组织与手工业技能教育

清代前中期手工业生产比明朝更加发达。这一时期，官营手工业只限于铸造兵器和钱币的作坊，以及部分供应宫廷的织造、瓷窑等，实力、规模大不如前朝。而民间手工业工场已在一些商品经济发达的地区出现，并不断发展。丝织业早在明代就已出现手工工场，到了清代又有了进一步发展，规模愈加庞大，分布地域更加广泛。另外，与丝织业相关联的染印业也出现了手工工场。其他如云南的炼铜业、四

川的井盐业、广东的冶铁业、景德镇的陶瓷业，以及陕西汉中的造纸业，均出现了规模较大的手工工场。在这样的商品经济发展情形下，这一时期出现了真正意义上的行会组织。其发展历经乾隆、嘉庆，至道光朝，数量逐渐增多。后虽受国外资本冲击，但直到辛亥革命之后也没有完全消失。

◎ 清・彩色玻璃带座撇口瓶

行会在不同的地方有不同的叫法，有的地方称为会馆，有的地方称为公馆，也有称帮、行、堂的。这类行会主要分布在工商业发达的城市。

清代，行业学徒制取代了衰落的官府手工业艺徒制。但这种学徒制度的目的在于保持本行在本地的优势，限制同行的大量出现，以免影响既存店铺的利益。这是一种抑制商品生产发展的保守制度。

行会的产生催生了行会学徒制，而没有学徒经历的人便没有经营工商业的资格。学徒的入徒资格、学习内容、生活要求和出徒标准等，都由行会共同制定的行规加以严格规定。关于行会学徒制度，明朝中后期已比较普遍。发展到清朝的时候，行会学徒制度更加规范化、精细化。

（一）学徒的入学和学期

各个行会的行规中都要对招收学徒及学徒的学习期限加以严格规定。清朝学徒制一般都是师傅带徒弟，一师一徒，学徒期限为三年。例如，长沙制香业在嘉庆年间制定行规，规定“一议徒弟进师，三年为满，出一进一。进师之日，应上钱一串五百文入帮，即交值年入收管存会。倘有不遵者，罚戏一台敬神”。长沙的京刀业、裱糊业、木业等与制香业一样，也都规定“三年为满，出一进一”。但也有例外，有的行业如武岗铜店业的规定是“两年半带徒弟一名”，长沙靴帽业是“一年半”为满，苏州蜡扦业规定“六年准收一徒”。另外，有些行会规定，各店在收徒之日必须缴费。

由于行业竞争，大量招收学徒会使行业的从业者增加，从而降低行业利润。因此，行会有时候也会禁止招收学徒。

（二）学徒的出徒与就业

学徒必须学习期满方可出徒，否则无法充当本行业的佣工。湖南长沙《衬铺条规》规定：“店家带徒弟，三年为满，设席出师，倘年限未满，同行不得雇请，如有请者，罚戏一台。”道光十一年（公元1831年），长沙明瓦店业规定：“外行入帮，均要学习三载，香钱酒章均照旧章，如未学习手艺者，均不许入帮。”学徒满师之后经过一定的仪式就可以当师傅，并在行会制度规定的条件下自己开店。

（三）学徒与师傅的关系

学徒与师傅之间的关系，在古代是一种很重要的关系，既存在知识技术方面的传授关系，也存在类似于父子的人身依附关系。师徒生活在一起，师傅负责教授学徒手艺等职业技能，也要负责学徒的吃、住、穿等生活必需。学徒除了学习行业的知识和技术外，还要承担多项家务。例如，《贸易须知》规定，晋商的学徒每天清晨起床，要完成扫地、擦拭桌椅、打水给前辈洗脸、烧香、冲茶、整理营业前准备事项等内容。由此可见，学徒承担的杂务非常多。

由于学徒是一边学习、一边工作，是师傅的得力助手，所以师傅也会适当地给学徒一点工资，但具体数额由师傅自己决定，没有标准要求。

◎ 清・脱胎漆桃盘

从总体上看，清代职业教育主要表现在私营手工业上，采用民间行会学徒制进行交流、传播与传承。随着商品经济的发展，学徒制愈加规范化和普遍化。需要指出的是，就官方技艺培训来看，随着匠籍制度的最终废除，官府工匠的技艺培训也随之消退。但这种消退并不是消失，而是一种转型发展。到清代后期，出现了官办的工艺技术学校，这对传统工匠技艺的传承来讲，是一次重大的转型与突破，也是近现代工艺教育的开始。

第三节 鸦片战争后的近代技术技能教育

康乾盛世延续了一个世纪之后，至乾隆后期，特别是进入嘉（庆）道（光）时期，盛极一时的清王朝进入了“日之将夕，悲风骤至”的衰世。与此相应，嘉道以后，封建传统教育再难重现昔日的辉煌。官学教育有名无实，教育内容不切实用，上至国子监，下至府州县学，乃至书院，已经很少从事教学活动，“儒学寝衰，教师不举其职”，均成为科举制的附庸。此时，读书人沉湎于四书五经、诗赋文章、做八股文，对外面的世界一无所知，且形成愚昧无知、妄自尊大的心理，与西方文化的差距越来越大。

鸦片战争之后，先进的国人逐渐意识到，西方列强入侵，不仅凭借强大的军事力量，而且拥有先进的科学技术和社会制度，不可能被中国同化，反过来还会影响中国。正如李鸿章所言，此乃“数千年来未有之强敌”“数千年来未有之变局”。

与此同时，日益尖锐的民族危机、社会危机和清王朝的统治危机交织在一起，不同的利益集团和不同的政治派别为各自的目标和打算而相互牵制。两千余年封建传统势力的阻滞，使得我国的近代化只能不得已地、小步伐地、战战兢兢地前进。整个社会变革的突破点没有首先体现在经济领域，更没有首先体现在政治领域，而是首先体现在教育方面。这也得益于我国历来有教育兴国的传统，从教育入手相对容易达成共识。然而，实施全面教育改革的阻力又不小，科举操纵的应试教育已存在超过千年，对传统教育体制的变动绝非轻而易举之事。在这种情况下，我国近代新教育的切入点不是从小学开始循序渐进，也不是由大学率先顶层带动，而是从技术教育入手。洋务运动时期，洋务派为了适应外交和洋务的需要，创建了我国近代最早的新式学校，引进西学，派遣留学生，从教育思想、教育制度和教学内容等方面，对封建传统教育进行改革，从而成为我国教育近代化的开端。

洋务运动以“实业救国”为目的，创办的新式学校更多是为了培养掌握西方先进科技的技术工人。从某种意义上讲，这种新式教育是我国教育史上的重要改革，也是工匠技艺传承与教育方式的全新转型。这种转型主要有以下三个方面的表现。

一、向西方学习的教育思潮不断发展

第一次鸦片战争失败之后，残酷的现实给了清醒的国人当头一棒。面对外国的坚船利炮，一些有识之士开始思考国家的出路。教育作为社会进步的源泉，被摆到了革新的前面。封建传统教育经过两千余年的延续，已经步履蹒跚，没有一丝前进的动力。只有革新教育，才能为国家找到生存和发展空间。在此情形下，以龚自珍、魏源、林则徐等为代表的一批学者，挣脱传统教育的束缚，掀起一股复兴“实学”的学风。作为“开眼看世界”的第一批人，他们认识到要想国家富强、抵御外国侵略，必须实行改革。龚自珍曾说：“一祖之法无不弊，千夫之议无不靡，与其赠来者以劲改革，孰若自改革。”“经世派”学者反对闭关自守、夜郎自大，他们摒弃传统的“华夷”观念，主张向西方学习。他们要求改革学校教育，批评传统教育，主张在四书五经的教育内容之外，增加以“军事技术”为核心的西方先进科技知识。尤为引人注意的是，魏源在林则徐“师敌长技以制敌”的基础上全面阐述了“师夷长技以制夷”的思想。这一主张，是鸦片战争之后先进国人所提出的第一个近代化方案。虽然这一主张有历史局限性，其认为只要学习西方的战舰、火器、养兵练兵之法就可以达到御敌的目的，没有认识到中西文化的根本性差别，但是这种向西方学习的思潮却影响深远。兴起于 19 世纪 60 年代的洋务运动实际上就是这一主张的实践，并发展其思想，提出“中学为体，西学为用”的主张作为指导思想。之后，以康有为、梁启超为代表的维新派直接受到魏源思想的影响，甚至以孙中山为代表的革命派也间接受到这一思想的影响。

二、工匠技艺教习登入学校的殿堂

当时，一批有识之士已经意识到我国教育的弊端。例如，严复就痛批我国传统教育重视士官培养而忽视百工技艺教育，他指出“中国重士，以其法之效果，遂令通国之聪明财力，皆趋于官。百工九流之业，贤者不居。即居之，亦未尝有乐以终身之意，是故其群无医疗、无制造、无建筑……而百工日绌”。

在深刻的批判与反思之上，一批有识之士奔走、呼唤，创办了各类实业学校。例如，左宗棠于1866年创办福州船政学堂，李鸿章于1885年创办北洋武备学堂……这些学堂中多开设有与工匠技艺教育相关的课程，如造船技术与工艺、武器的制造技术与工艺、机器制造等。如此，工匠技艺教育在传统社会末期终于受到官方的重视，被纳入学校教育范畴。这意味着工匠技艺教育正式拥有专业的授课教师、专门的授课内容和专选的授课教材。其学员也是通过招募、筛选而来。各个学堂还严格制定了学校的培养管理制度，构成了完整的学校技艺教育系统。

◎ 江南机器制造总局车间

三、工匠开始接受文化理论知识教育

新式学堂聘请理论教师和工匠教师，分别教授理论知识和技术操作、制造等相关的知识。例如，在福州船政局建立前所拟订的计划中，就规定学堂要“雇佣外国工匠造船制器，并教导中国工匠、匠首及艺童”。从培养方式和教授内容上来看，已经完全不同于之前的工匠技艺培训，是一种理论与实践并重的教育方式。

正如左宗棠所言：“夫习造轮船，非为造船也，欲尽其制造、驾驶之术耳；非徒求一二人能制造、驾驶也，欲广其传，使中国才艺日进，制造、驾驶展转授受，传习无穷耳。故必开艺局，选少年颖悟子弟习其语言、文字，诵其书，通其算学，而后西法可衍于中国。”

由此可知，我国工匠技艺传承理论和方式的转型发展，是社会发展的必然，也是现实的需要，是外力推动内力作用的结果。

清朝后期，各类技艺课程和学堂的开设，既是传统工匠技艺传承中官方模式的式微与转型，也是近代技术技能教育的开始。整体来说，这一时期，新式技术技能教育学校主要有以下几类。

第一类为洋务运动中的新式职业技术学堂。19 世纪 60 年代到 90 年代，在洋务派的领导和推动下，清政府展开了一场声势浩大的以“求强”和“求富”为宗旨的改革运动。这场运动涉及内容特别广泛，如制造枪械船炮、编练新式海陆军、兴办近代工矿交通企业等。洋务派以张之洞提出的“中学为体，西学为用”为方针，开办了大量的新式语言、技术、军事学堂，并且向海外派遣留学生，培养出大批精通洋务的人才。洋务运动中的新式学堂是我国近代学校技术技能教育的开端。

在这一时期，清政府开办了大量的科技学堂。洋务运动中的科学技术学堂共开设了 14 所，主要有福州电报学堂、天津电报学堂、上海电报学堂、湖北算术学堂、天津医学堂、山海关铁路学堂、南京铁路学堂、江南储材学堂等。科技学堂旨在培养电报、医学、铁路、矿务方面的专门技术人才。在课程设置方面，遵循“中体西用”的原则，一方面根据各学堂的专业要求，体现专业化特色，引进西方的科学技术；另一方面要兼习“四书五经”。在教学方面，科技学堂非常重视实践教学，强调理论联系实际，学以致用。这一时期非常著名的专门技术学校福州船政学堂，在开设的课程中，就以学习外语和西方科学技术知识为主，为我国培养了很多技术骨干人才。

第二类为维新运动中的职业技术学堂。在维新运动中，维新派将技术技能教育

纳入了学制体系，勾勒出了具有近代意义的技术技能教育体制格局。无论是康有为还是梁启超，都提倡发展技术技能教育，开民智，以图国家富强。

◎ 清廷后期创办的工厂

维新变法运动开始后，光绪皇帝数次下诏要求各地兴办各种实业学堂及专门学堂。1898 年 8 月下诏，令王文韶、张荫桓负责办理筹设铁路学堂、培养铁路预备人才的事务；同月又下诏令各地兴办农务学堂，并要求“工学、商学各事宜，亦著一体认真举办”。9 月，光绪帝批准在通商口岸及出口丝茶省份设立茶务学堂及蚕桑公院的奏陈。在清政府的推动下，各类职业技术学堂在全国各地迅速兴办起来。这些学堂主要分为农业技术学堂、工业技术学堂和其他技术学堂。

这些学堂，虽然有的随着维新运动的失败而停办，但在当时来说，无疑推动了技术技能教育的发展。

第三类为清末新政下的技术技能教育学堂。1901 年新政开始之后，各地官绅响应清政府的兴学诏令，纷纷建立了众多的新式学堂。此时，全国学堂林立，但在教学目标、课程设置、修业年限等方面差异甚大。在这种情况下，清政府开始着手建立近代化教育制度，以确立统一的教育规范和标准。同时，在这种标准之下，建立了一些技术技能教育学堂。其中，需要注意的是艺徒学堂的建立。

艺徒学堂招收“未入初等小学而粗知书算之十二岁以上幼童”，主要是贫民子弟。这些学生多半已经就业，利用夜间、放假期间或者雪期、农隙等闲暇时节入学堂学习；培养目标为“授平等程度之工业技术，使成为良善之工匠为宗旨，以各地方粗浅工业日有进步为成效”。艺徒学堂附设于初等小学堂或高等小学堂，修业年限为六个月以上四年以下。艺徒学堂的普通课程包括修身、中国文理、算术、几何、物理、化学、图画、体操。至于艺徒学堂的专业科目，则不加规定，学堂可根据地方情形、学生需要等设立一些工业科目。

这说明，我国古代的工匠培训教育方式纳入了学校教育体系，并且根据学生的水平和培育目标的不同，建立了初等、中等和高等三种技术技能教育制度，为提高各个阶层的技术人员的水平和能力做出了突出贡献。

除此之外，为了培养更多更好的技术人员，清政府还特意提出了技术技能教育师资培训制度。各学堂在初创时期，各省可以单独设立一所实业教员讲习所，为实业教育奠定最初的师资力量。

第四类为教会学校与教会女子学校。鸦片战争后，清政府被迫与英、美、法等资本主义国家先后签订了一系列不平等条约。西方资本主义列强通过不平等条约不仅获得了政治、经济上的特权，同时也获得了进行文教活动的特权。1846 年，清政府又下令废止了延续 120 年之久的“禁教”令。从此，西方宗教在我国畅通无阻，由传教士所创办的教会学校也在不平等条约的庇护下得以发展。

教会学校对我国封建传统教育的冲击和影响，是在西方侵略者强加给我国的一系列不平等条约的前提下展开的。他们的活动不仅具有浓厚的宗教色彩，而且带有明显的政治和经济利益上的追求，是帝国主义征服中国计划中的重要组成部分。其活动的核心是为了发展教徒，完成传教使命——征服中国，使西方可以自由地扩展其经济、政治、文化影响。为了达成其目的，西方传教士除了对我国封建传统教育进行批评外，还主张改革教育制度，普遍设置西学。例如，以推广格致学为宗旨的格致书院，其课程设置如下：“一矿务，二电学，三测绘，四工程，五汽机，六制造。”到 19 世纪下半叶，数学、生物学、天文学、动植物学、化学以及地理学等先后被列为教会学校的课程。此外，为了解决当时教会学校的教材问题，传教士们编译出版了许多书刊，涉及西方近代自然科学和人文科学的诸多领域。

另外，西方传教士还在我国建立起一系列教会女子学校，加强了对我国传统思想文化的攻势。我国近代的第一所女子学校——宁波女塾，建于1844年，由英国传教士阿尔德塞创办。之后，各级教会女子学校相继建立。1844年至1860年间，有11所教会女子学校建立在5个通商口岸。教会女子学校的建立，对我国传统封建势力的冲击是巨大的。虽然其目的是扩张宗教势力，但是教会女子学校的成立，引起了多数人的思考，开始对传统观念中“女子无才便是德”“男尊女卑”等思想进行反思，从根本上动摇了封建传统教育。教会女子学校开启了我国近代女子教育的先河。

总之，清朝后期，不论洋务派、维新派还是西方教会，他们建立的一系列新式学校，为我国发展提供了大批实业人才。至此，我国教育（主要是技术技能教育）的发展进入了一个崭新的阶段。

第九章 我国古代艺徒制的属性和特点

从上古时期至明初，我国曾经创造了世界技术史的辉煌，这其中技艺的积累和传承起着很大的作用。商代“后母戊大方鼎”、东周“韧性铸铁”、汉代“百炼钢”以及后世的造船、造纸、印刷、纺织等工艺技术都因为传承不断的关系而得到迅速发展。

不同的历史时期，根据不同的社会制度和生产关系，作为官方技艺传承主要方式的艺徒制教育有着不同的特点。在原始时期，艺徒制教育的根本目的是生存下去，“师徒”间的指导教育更多的是传授农作技术和日常生活经验。春秋战国时期，艺徒制技艺传授教育逐渐发展出了对手工业的专业指导。唐宋时期，技艺传授教育则进一步发展出了细化的分科教学，出现了技术技能教育教材，艺徒制教育呈现出平民化的特点。到了明清时期，随着封建社会由盛转衰，艺徒制教育也进入了缓慢衰落的阶段。

顺着历史的脉络，细看艺徒制一路演变的过程，从中可以窥探出艺徒制随着我国古代手工业发展变化的前因后果。以下几点为艺徒制教育的基本属性，理解这些关键点，对完善现代社会技能培训，建立符合我国国情的教育方式有一定帮助。

记者调查 14　2022年4月1日　星期五　人民日报

引子

"刺刺刺……"火花四溅。站在操作台前，王东时而对着电子图纸核对参数，时而拿起工具敲敲打打，时而熟练地操控机器面板进行电焊。不一会儿，一块方方正正的生产模具已有些模样。会看图纸，会算参数，还玩得转智能化设备，40多岁的王东如今在新岗位上干得得心应手。

当了20多年模具工的王东，前几年应聘来到江苏骏伟精密部件科技股份有限公司。从刚转岗时的力不从心，到如今能够独立顶岗工作，王东说多亏了企业新型学徒制培训，"通过培训，我拿到了中级模具工证书，成为持证职工，对未来更有信心了。"

在江苏苏州，截至2021年底，已有200多家企业像骏伟精密部件公司一样组织开展新型学徒制培训，帮助1万多人提升了职业技能，更好地实现稳定就业和高质量就业。

技术工人队伍是支撑中国制造、中国创造的重要基础。习近平总书记强调："要健全技能人才培养、使用、评价、激励制度，大力发展技工教育，大规模开展职业技能培训，加快培养大批高素质劳动者和技术技能人才。"

为创新企业技能人才培养模式，人力资源和社会保障部办公厅、财政部办公厅2015年7月联合印发通知，决定在江苏等12个省（区、市）开展企业新型学徒制试点工作。2021年6月，人力资源和社会保障部等5部门联合印发《关于全面推行中国特色企业新型学徒制 加强技能人才培养的指导意见》，提出面向企业全面推行新型学徒制培训，"力争使企业技能岗位新入职员工都有机会接受高质量岗前职业技能培训；力争使企业技能岗位转岗员工都有机会接受转岗转业就业储备性技能培训，达到'转岗即能顶岗'。"

"招工即招生、入企即入校、企校双师联合培养"，新型学徒制渐成企业技能人才培养新平台。中国特色企业新型学徒制，如何深化产教融合、校企合作，增强职业技能培训的针对性有效性？记者近日赴苏州探访。

人民眼·技能人才培养

江苏省苏州市200多家企业开展"企校双制、工学一体"培训，1万多人实现职业技能提升

企业新型学徒成长记

本报记者　尹晓宇

补齐短板

推行企业新型学徒制，满足人岗匹配和技能人才队伍梯次发展需要，适应产业变革、技术变革、组织变革和企业技术创新需求

量身定制

聚焦生产一线需求，按照"一班一方案""一企一方案"设置课程

校企联动

工学交替、双师培养，"车间+教室"互动教学，实现校企资源共享、优势互补、合作共赢

严考实督

开展"实践+理论"结业考核，加强培训质量评估监管，建立健全培训激励机制

◎《人民日报》2022年4月1日第14版截图

一、制度背景——工商食官

工商食官是我国古代艺徒制存在的制度前提，其给后世手工业的管理发展奠定了基础，提供了制度模板。“工商食官”语出《国语·晋语四》：“公食贡，大夫食邑，士食田，庶人食力，工商食官，皂隶食职，官宰食加。”

“工商食官”的意思就是百工和商贾靠官府所给的粮食而生活。换句话说就是“处工就官府”，由官府垄断手工业，官府垄断工者。“工商食官”原本是指西周官营手工业制度。东周以后，“工商食官”制度被打破，但其作为一种制度底色延续数千年之久。从秦汉到明清，不论政权如何变化，手工业如何发展，统治者总会保留不少的官营作坊来满足皇家贵胄奢靡生活的需求。乱世时期，官营比例更是急剧增加。这种对手工业强力控制的历史源头正是“工商食官”制度。

二、工匠地位——劳役皂隶

手工业的传承发展是否迅速，通常与从业者的社会地位、人身自由程度有密切关系。如果说“工商食官”决定了工匠的生存方式，那么由此带来的“艺徒官属”人身依附关系则成为工匠传承技艺的基础背景。“艺徒官属”决定着手工业者的社会地位。秦汉时期，官府“工匠”及“工师”长期被固定于某一官府作坊，一生一世都不得离开。魏晋南北朝时期，工匠身份更是低到了谷底，远比编户齐民要低。这一时期，官府对王公士庶之家和百工伎巧卑姓通婚进行了严格限制，“犯者加罪”。《魏书·高祖纪》记载：“工商皂隶，各有厥分……”可见，工商从业者几乎与皂隶同等地位，没有什么人身自由可言。唐代前期，官府工匠主要通过编制匠籍，从民间无偿征调工匠。中晚唐以后，“纳资代役”制度使民间工匠有了相对的人身自由。到了宋代，官营手工业作坊一般不再无偿征调民间服役工匠，大都采用一种介于征调和雇募之间的“差雇”制。到了元代，官府控制着天下几乎所有工匠，官府手工业者变成了“系官匠户”，被元官府分门别类编成匠户，需要一辈子服徭役，从事行业也不得改变，即“匠不离局”。明代前、中期，同样实行严格的匠籍和匠户劳役制度。明代中期以后，官营手工业衰落，匠籍制度瓦解，匠户劳役逐渐被“以银代役”取代，相沿两千多年的工匠徭役制度得以废除，工商业者人身依附大大减轻。需要说明的是，尽管伴随历史变迁，工匠地位逐步解放，但古代制度与文化使工匠一直局限在与官府有强烈依附关系的劳役状态，长期处于政府高压之下，难以自由稳定发展。

三、传承教育——工徒培训

艺徒制是官营手工作坊的传承教育方式，主要是为了生产。因此，从某种程度上可以说，艺徒制是“工商食官”背景下的“官方手工培训学校”。艺徒制的特点决定了其技术传承模式与民间师徒制、家传制、官方专门学校等都不太相同。例如，民间师徒制讲究严格的师承文化，受教育的徒弟通常只有一两个，不会很多；而艺徒制恰恰相反，艺徒制以生产为目的，教授对象有时会很多，这在官方武器制作、纺织等行业中表现得最为明显。家传制通常是依靠血缘关系开展，一般是一个家族数代人从事某一行业或者钻研某一技能；而艺徒制的师徒中可能某些人也有血缘关系，但绝大多数工匠都是从民间征调而来，是通过官方强制手段进行教育和生产的。虽然专门学校同样具有官方属性，但艺徒制与其差别非常明显。例如，汉代鸿都门学、魏晋麟趾学、隋唐掖庭局、宋代书画学等古代典型的专门学校都具有课程、教材、教法等学校教育的诸多要素；而艺徒制一般只进行简单的基础性教育，到了宋朝才出现“法式”等规范性教育。在教育目的、学员来源、毕业去向等方面，两者更是天差地别。通俗来讲，艺徒制更多是面向生产实践的教育，与近现代企业职工业务培训相类似。

四、存在形式——官业主导

从历史来看，艺徒制萌芽于商周，发展于秦汉，成熟于唐宋，衰落于明清，其变迁盛衰与当时的官营手工业盛衰相伴。西周时期，重要手工业皆由王室和诸侯贵族控制。能工巧匠聚集于官府手工业中，身怀绝技者还被擢升为“工师”，此时官方手工业作坊成为“艺徒培训学校”。春秋战国时期，官营手工业不断发展。根据《考工记》可推知，当时官营手工业艺徒制开始成为技术传播的主要方式。这一时期，官营手工业空前强大，对技术工匠的大量需求促使艺徒学习奖惩机制形成。魏晋南北朝，尤其是北朝诸政权有庞大的官营手工业作坊，官府禁止公开传授手工业技术。民间手工业随之衰败，手工业教育与传承失去了生存基础。唐朝时期，官营手工业与“艺徒”教育达到了极高水平。唐代官府专设少府监“掌百工技巧之政”，少府监与将作监都要承担训练艺徒的责任。这一时期，训练“艺徒”的学制安排、“立样”“程准”等标准化要求模式出现。到了宋代，全国已经形成庞大的官营手工业系统。为了高效地训练艺徒，宋朝大力推行“法式”艺徒培训法，即规定明确的生产制作标准，让官营作坊的艺徒按照标准学习制作。元朝时期，官府非常重视对在籍工匠的培训，设立专门机构与专人“教习”工匠。元代官府作坊更多是生产武器装备和生活物资，主要满足战争需求。明清时期，官营手工业逐渐衰退乃至停滞，这导致与之相随的艺徒制度同步衰退，艺徒制度逐步被民间师徒制度代替。

艺徒制在历史中的兴衰存亡以及在官府机构中的位置变迁，是与整个社会发展息息相关的。其演化过程与官府对手工业的现实要求都决定了艺徒制具有鲜明的特点。

第一个特点是艺徒制属于“言传身教”的教育模式。一种好的人才教育方式，不仅有利于人才的培养，更有利于社会的进步。“言传身教”作为一种比较高效的教育方式，在我国传统教育中占有很重要的地位。“言传身教”中的“师与徒”有着不同寻常的关系。我国多地都流传有“投师如投胎”的说法，意思就是徒弟对师傅恭恭敬敬，绝对服从，师傅则将自己所掌握的技术、经验等传授给徒弟。这种“言传身教”的教育模式对学徒来说是身心浸入式洗礼，能加速加深学徒对技艺的理解和使用。

第二个特点是艺徒制属于“贯穿全程”的教育模式。与其他的教育方式不太相同，艺徒制具有整体教育的特点，通常要求学徒要全面掌握一项工作技能，其内容涵盖工作的每一道工序、每一个环节、每一个细微之处。这种要求下培养出的工匠不仅要对自己的职业有正确的理解，而且要对整个行业有全面的了解，这样才能保证技艺的专业水平。这种教育形式培养出的学徒综合素质较高，富有创造精神。这种“贯穿全程”的教育模式为我国古代培育出许多杰出人才和能工巧匠，他们创造了我国古代精湛的工艺业。他们制造出的某些产品更是被视为“国宝”，成为我国古代文明发达的重要标志。这一点也是我们现代职业教育需要虚心学习的地方。

第三个特点是艺徒制前中期常以“心传”为核心进行技能传授。所谓“心传”，就是没有范本、没有模式，是一种内在的精神作用和无形的心理表述。具体来说，就是对于传授者，它没有固定的传授模式，也不能用语言表达；对于受教者，它同样没有样本，不是单纯的技术继承就能达到的。这种技能传授方式只能依靠两者之间心理的传授和领悟，凭感觉行事。或许有人认为这种传授方式挺神秘的，有点玄学的意思。实际上，这是古代生产力水平决定的，某些技艺没有详细的数据规范或者无法用数据规范，某些技艺人知其然不知其所以然。这种现实条件要求师傅一边教，学徒一边琢磨技艺的极限在哪里，什么能做、什么不能做。有些学徒一旦心领神会，便能运用自如、随心所欲，在生产制作过程中，不断创造出新的技法、样式和风格，也使得技艺在传承过程中不断地被赋予新的生命力。

第四个特点是艺徒制后期多以“法式”为传艺标准。“法式”授艺的目的同样是生产，是官府为了拥有大量的合格手工业生产者而采取的普遍教育模式。“法式”授艺作为艺徒制教育的子级，与艺徒制的萌芽、发展、巅峰与衰落同频共振。例如，在宋代，官方手工业发展到了极致，与此相对应的艺徒制培训也达到巅峰。隋唐时期出现的“立样”“程准”，到了宋代，已经发展为官方认定的“法式”授艺。所谓“法式”，就是在总结生产经验基础上编制的技术规范。“法式”授艺，就是官方手工作坊按照统一的生产制作标准对工匠进行培训，避免因标准不统一，出现生产不匹配的现象。从历史来看，“法式”授艺是对我国古代手工业和科学技术发展的系统总结，是生产发展到一定水平的产物，推动了艺徒训练的规范化。明清之际，官方手工业衰落，民间手工业反而根据官方“法式”授艺制度，结合自身需要，取得了不小进展。

第五个特点是艺徒制教育效率相对较低。官方手工业背景下的艺徒制教育要求徒弟在独立操作之前必须先熟悉所有工序，但每道工序又很少单独教授，大多是在完全自然的生产过程中随机学习。因此，艺徒制学习的周期特别长，教育效率相对低下。这正是“师傅领进门，修行在个人”的真实写照，也表明艺徒制教育缺乏目的性、系统性，处于随机状态。即便如此，师傅在传授技艺的过程中，因为竞争的需要或其他原因，还会对技艺的传授层层设限，往往不将一些特殊高超的技艺传授给徒弟。因此，一些技艺慢慢失传，严重影响了我国古代技艺的连续发展与提高，反映了古代社会的保守性与局限性。艺徒制的另一个主要授艺方式——“法式”授艺更多的是面对简单的基础性生产，扩大了技能的传播范围，但在推动技艺提升方面作用有限。

综合来讲，作为一种存在三千多年的教育形式，艺徒制的优缺点非常明显。我国现代教育可以择善从之，从中汲取养分，像艺徒制在具体实践过程中体现出的“职业实践”“言传身教”“能力考评”“德育观念”等特点，对改善我国职业教育现状有积极意义。

参考文献

［1］孙培青 . 中国教育史［M］. 上海：华东师大出版社，2000.

［2］郭家齐 . 中国教育思想史［M］. 北京：教育科学出版社，1987.

［3］王玉生 . 中国教育思想研究［M］. 北京：中国社会科学出版社，2006.

［4］朱永新 . 中华教育思想研究［M］. 南京：江苏教育出版社，1993.

［5］吴玉琦 . 中国职业教育史［M］. 长春：吉林教育出版社，1991.

［6］路宝利 . 中国古代教育史［M］. 北京：经济科学出版社，2011.

［7］米靖 . 中国职业教育史研究［M］. 上海：上海教育出版社，2009.

［8］朱永新 . 中国教育思想史（上下）［M］. 上海：上海交通大学出版社，2011.

［9］李蔺田 . 中国职业技术教育史［M］. 北京：高等教育出版社，1994.

［10］王玉哲 . 中华远古史［M］. 上海：上海人民出版社，2003.

［11］杨宽 . 西周史［M］. 上海：上海人民出版社，2003.

［12］杨宽 . 战国史［M］. 上海：上海人民出版社，2003.

［13］林剑鸣 . 秦汉史［M］. 上海：上海人民出版社，2003.

［14］王仲荦 . 魏晋南北朝史［M］. 上海：上海人民出版社，2003.

［15］王仲荦 . 隋唐五代史（上）［M］. 上海：上海人民出版社，1988.

［16］陈振 . 宋史［M］. 上海：上海人民出版社，2003.

［17］李锡厚，白滨 . 辽金西夏史［M］. 上海：上海人民出版社，2003.

［18］周良霄，顾菊英 . 元史［M］. 上海：上海人民出版社，2003.
［19］南炳文，汤纲 . 明史（上）［M］. 上海：上海人民出版社，2003.
［20］南炳文，汤纲 . 明史（下）［M］. 上海：上海人民出版社，2003.
［21］李治亭 . 清史（上）［M］. 上海：上海人民出版社，2002.
［22］李治亭 . 清史（下）［M］. 上海：上海人民出版社，2002.
［23］李约瑟 . 中国古代科学思想史［M］. 陈立夫，等译 . 南昌：江西人民出版社，2000.
［24］李约瑟 . 中国科学技术史［M］. 北京：科学出版社，1990.
［25］傅筑夫 . 中国古代经济史概论［M］. 北京：中国社会科学出版社，1981.
［26］冯天瑜 . 明清文化史论［M］. 武汉：华中工学院出版社，1984.
［27］朱有瓛，高时良 . 中国近代学制史料（第四辑）［M］. 上海：华东师范大学出版社，1989.
［28］路宝利，赵友，宋绍富 . 治世之学：中国古代士子实学研究［J］. 职教论坛，2012（4）.
［29］郭文韬 . 王祯农学思想略论［J］. 古今农业，1997（8）.
［30］周曙光，郑玉刚 . 论宋应星的技术思想［J］. 宜春学院学报，2004（6）.
［31］张海英 . 从商书看清代坐贾的经营理念［J］. 浙江学刊，2006（3）.
［32］张济洲 . 明清之际"西学东渐"及其对中国文化教育的影响［J］. 河北师范大学学报，2007（2）.
［33］钱存训 . 近世译书对中国现代化的影响［J］. 文献，1986（2）.
［34］魏明孔 . 隋唐手工业与我国经济重心的南北易位［J］. 中国经济史研究，1999（2）.
［35］赵林林，徐建高 . 我国现代学徒制的现状研究分析［J］. 武汉工程职业技术学院学报，2017（1）.
［36］谢淑润，夏栋 . 现代学徒制与我国职业教育人才培养模式创新［J］. 继续教育研究，2013（8）.
［37］王琳 . 论现代学徒制对高职院校转型发展的影响［J］. 中国人力资源开发，2014（23）.

［38］杜启平，熊霞．高等职业教育实施现代学徒制的瓶颈与对策［J］．高教探索，2015（3）．

［39］路宝利，赵友．艺徒制度：中国古代“工艺学校”技术传承研究［J］．职业技术教育，2012（16）．

［40］冯骥才．中国传统民间美术的转型［J］．艺术生活，2009（2）．

［41］张秀丽．中国古代艺徒制对构建现代学徒制的启示［J］．北京财贸职业学院学报，2015（3）．